Alma Equina

Historias de conexión y amistad
entre Ailín y sus caballos

"No se trata sólo de que desarrolles el caballo de tus sueños, sino de que te conviertas en el ser humano de los sueños de tu caballo"

Carolyn Resnick

Daniel Roy Wegrzyn

Prólogo de
María Eugenia Fuentes

Wegrzyn, Daniel Roy
   Alma equina : Amistad entre crines y susurros / Daniel Roy Wegrzyn ; fotografías de Pablo Wegrzyn. - 1a ed ilustrada. - Cholila : Daniel Roy Wegrzyn, 2023.
   160 p. ; 22 x 15 cm.

   ISBN 978-631-00-1288-9

   1. Caballos. 2. Adiestramiento. 3. Campo. I. Wegrzyn, Pablo, fot. II. Título.
   CDD 636.10835

Título: Alma Equina
Autor: Daniel Roy Wegrzyn
dwegrzyn@gmail.com
www.almaequina.ar

1º Edición
Año de impresión: 2023
ISBN:978-631-00-1288-9
Hecho el depósito que marca la ley 22.239
Impreso en Argentina - Printed in Argentina
Reservados los derechos de autor

Gráfica América
Abraham J. Luppi 1451-3 CABA
info@america-grafica.com

ÍNDICE

AGRADECIMIENTOS

Quiero dedicar este espacio para expresar mi gratitud a todos los que de una u otra forma han colaborado y participado para que esta obra sea posible. Lo han hecho de manera desinteresada, anónima, motivados sólo por la intención de hacer un aporte generoso y positivo.

Quiero destacar en primer lugar a los personajes que son el hilo conductor de este libro, los compañeros de ruta de Ailín, sus amigos los caballos. Pero mi mayor gratitud está dirigida a la principal protagonista, a la propia Ailín quien, apoyada por su esposo Mariano Thill, se ha expresado con su carácter inspirador, su personalidad y sobre todo, con sus acciones y retos personales en pro de la defensa del bienestar animal. Ailín es quien ha tejido la trama que se vuelca en estas páginas, su pasión y amor por los caballos se reflejan en cada palabra, en cada imagen, y su compromiso con ellos es extraordinario.

El coraje mostrado sin flaquezas en esta lucha, su tenacidad para llevarla adelante, apoyada en una vocación ingénita para relacionarse con el mundo equino, han sido el principal estímulo para motivarme a transcribir sus vivencias, momentos de triunfos y desafíos, de amor y pérdida, de tropiezos y aprendizaje, que la han llevado a ser una referente en una cruzada contra el trato violento y con dominación de la doma y el adiestramiento tradicional. A la vez, contribuye a instalar una modalidad amigable en esa interacción, destacando la inteligencia y capacidad de estos animales para relacionarse con el ser humano.

Ello es lo que he intentado reflejar en este libro. Pero la concreción de cualquier proyecto sólo es posible con participación y aporte que trasciende lo individual. Por ello quiero expresar mi sincero agradecimiento a todas las personas que contribuyeron de manera significativa a su realización. Sus esfuerzos y apoyo fueron fundamentales para que esto, que comenzara sólo como una idea, llegara a su término.

Quiero agradecer a Lorenzo Sympson y a su esposa Graciela por su aplicada dedicación a la revisión y corrección del manuscrito. Su conocimiento, perspicacia y atención al detalle fueron esenciales para mejorar la calidad de la obra.

También quiero extender mi gratitud a mi esposa Silvia por aportar su conocimiento desde su profesión de bióloga y su valiosa investigación sobre la etología de los caballos. Sus aportes enriquecieron el contenido y proporcionaron una base sólida para comprender mejor a estos magníficos animales.

Un agradecimiento especial va dirigido a Pablo, hermano de Ailín, por compartir generosamente la mayoría de las hermosas fotografías presentes en estas páginas, que añaden un toque ilustrado de alta calidad. Sus imágenes capturan acabadamente la esencia y la belleza de los caballos, agregando valor visual.

Por último, quiero destacar a la comunidad del partido de Lobos, a sus vecinos, a sus representantes, a la gente vinculada al mundo ecuestre y del aeroclub, quienes nos recibieron con calidez y amistad, lo que fue muy importante para una familia que venía de la Patagonia, de un lugar tan distinto por el cual tuvo que hacer un gran esfuerzo de adaptación.

A todos, mi más sincero reconocimiento por haber hecho posible este libro. Me siento honrado con sus contribuciones que han sido invaluables y han enriquecido profundamente esta obra.

Daniel Roy Wegrzyn
LOBOS - Octubre de 2023

PRÓLOGO

La mayoría de las personas tiende a creer que cuando trabajamos en lo que realmente soñamos en la vida, todo se vuelve un idílico camino de rosas, fácil y sin obstáculos. Lejos está de ser real esta creencia. Quienes trabajamos con caballos, esto lo tenemos muy claro, porque ellos espejan nuestros más profundos sentimientos, ya sea el dolor así como nuestras alegrías, frustraciones y miedos. Pero sobre todo, los caballos nos enseñan el verdadero significado del amor simple, puro y mágico.

Al final de cada momento con ellos, nos damos cuenta de que son los responsables de enseñarnos el verdadero DESPERTAR, son los maestros que nos guían hacia nuestra iluminación personal, al reencuentro con nuestra esencia innata, que nadie puede arrebatarnos. Con su inocencia y al mismo tiempo su certeza, nos muestran que la magia existe y que, si aprendemos a mirar con los ojos del alma, todo lo que nos rodea se transforma en algo mágico. Descubrir este tesoro en nuestro interior no es una tarea sencilla, pero es posible, y si tienes la fortuna de que tus maestros sean los caballos, experimentarás sensaciones y un amor tan profundo que son dignos de vivir.

Por ello, en esta interacción, cuando creemos que está en nuestras manos el rol de la enseñanza, nos perdemos una gran posibilidad de mejorar nuestra versión, en un proceso de día a día, paso a paso.

Por lo tanto, considero que sólo quienes exhiben una gran valentía, son capaces de enfrentarse a la mirada de estos seres majestuosos y sagrados, porque a ellos no les podemos mentir.

Es entonces cuando llega Ailín, con esa mirada tierna, esa sonrisa sincera y ese corazón a flor de piel. Es ahí donde sucede la magia, y ya no se trata de domar o entrenar un caballo, se trata de conectar desde lo más profundo con un SER que puede ver y percibir no sólo lo que tu cuerpo expresa, sino hasta tu mínimo sentir y pensar. Y cuando una persona es auténtica, con un alma que desborda de amor sucede esto, cual una madre orgullosa que sus ojos se iluminan al hablar de su hija, un padre amoroso que pone en palabras el verdadero encanto que aquí sucede.

Toda su manada elige la compañía y la guía de su compañera sin necesidad de convencerlos, ellos pueden "verla" y ella puede "verlos" con esa trascendencia.

La magia ocurrirá para aquellos que estén dispuestos a encontrarse a sí mismos y ver el mundo desde una mirada distinta, el amor desbordará cuando aprendamos a amarnos a nosotros mismos y a la naturaleza que nos rodea. Estos animales nos guiarán hacia un lugar mejor, donde el amor vuelve todo posible.

Que este libro, con la historia de esta mágica mujer te lleve a encontrarte con tu verdadera pasión.

María Eugenia Fuentes
Instagram: eugenia_fuentes_domanatural

INTRODUCCIÓN

Podría decirse que ésta es una biografía no autorizada. Porque Ailín no está totalmente de acuerdo con lo que aquí se publica. Y es cierto que puede tener un sesgo de subjetividad, porque es mi hija y no puedo dejar de verla como padre, y como tal sentir orgullo y asombro acerca de lo que observo sobre su habilidad en el adiestramiento de caballos, su capacidad para comunicarse con estos animales, leer sus emociones, comprender sus miedos y festejar sus victorias. Pero por sobre todo, de la poderosa alquimia que surge cuando sus almas se encuentran.

En las próximas páginas se relata la historia de una mujer cuyo destino se entreteje con el de los caballos, criaturas que para algunos sólo son una herramienta de trabajo, de paseo o de deporte, para otros son personajes de cuento o símbolos de libertad, fuerza y gracia, pero para ella representan algo mucho más trascendente, son el reflejo de su alma, el medio por el cual descubre su propósito y la esencia de su ser.

Y lejos está de ser una historia sobre cómo domesticar una bestia, sino sobre cómo liberar un espíritu. Para sus caballos Ailín no es sólo su entrenadora, es su amiga, es su guía, es su líder.

Por ello éste no pretende ser un libro sobre caballos o una mera biografía, sino la descripción de una danza de libertad, un viaje de conexión, pasión y liberación. Cada capítulo es una historia de relación y he intentado ponerme en la piel de cada uno de sus caballos, en sus ojos y en su experiencia para transmitirlo todo desde su sentir, desde el latido de su corazón, desde el viento en su rostro, desde el golpeteo rítmico de cada galope y desde la magia desatada en la interacción.

En el albor de su infancia, los caballos ocuparon un lugar especial en el corazón y en la atención de Ailín. Y si bien mi esposa Silvia y yo transitamos una época en la que éstos eran nuestro principal medio de transporte en nuestros primeros años de Cholila, cuando éramos una joven pareja que estaba iniciando su vida en común, la fascinación y pasión por estos animales en nuestra hija no se la transmitimos nosotros, surgió de forma innata, como un don que ya la acompañaba en su nacimiento, y que le dio el poder de ensamblar, combinar y ordenar con intuición y agudo entendimiento la conducta equina. A través de sutiles señales, movimientos y comportamientos, Ailín es capaz de entender lo que un caballo siente, ya sea miedo, curiosidad, agresión o confianza y este nivel de empatía, más su habilidad, conocimiento y destreza como jineta le permiten, no sólo alcanzar grandes logros en el adiestramiento, sino también abordar problemas conductuales o traumas con una comprensión profunda y genuina.

El vínculo con ellos también le ha conferido una enorme responsabilidad, que pesa en sus espaldas, porque es una dura lucha lograr incorporar el respeto por el bienestar animal, el reconocimiento de su sensibilidad e inteligencia, la facultad de estos animales para relacionarse con el ser humano, así como de sentir y amar.

Su misión principal es combatir las técnicas dominantes o agresivas, el maltrato, la cosificación, alentados por la tradición, la ignorancia y muchas veces por la maldad. Aprovechando las redes sociales, continuamente está tratando de imponer y transmitir en una legación a sus seguidores, una visión holística de que los caballos tienen una posición cercana a nuestros sentimientos enfatizando el aspecto de que también son seres con emociones, pensamientos y necesidades.

Sus *shows*, presentados en distintas estancias, en la Sociedad Rural de Buenos Aires y la difusión de sus videos, intentan expandir estos mensajes, con la aplicación de técnicas modernas del adiestramiento en libertad, mostrando en la práctica su propia actividad, trabajando en colaboración y armonía con el caballo, en lugar de intentar sólo imponer su voluntad.

Pero todo esto no sería posible si Mariano, su esposo, su compañero de vida no la apoyara como lo hace, brindando su tiempo, su conocimiento veterinario y su esfuerzo en pos de una causa que comparte en todos sus aspectos. Ambos se combinan y potencian en una sinergia cuyo mensaje llega cada vez más lejos.

PAMPA

Sabiduría y experiencia

El viejo caballo miraba hacia el oeste, donde el sol comenzaba a ocultarse tiñendo el cielo de tonos dorados y rosados e iluminándolo todo hacia arriba. Inhaló profundamente y lanzó unos resoplidos de satisfacción. Era consciente de que estaba transitando el invierno, pero en un lugar amigable, con temperaturas soportables y abundancia de comida. Muy diferente a la Patagonia, donde el frío, la lluvia y la nieve se mostraban agresivos con su cuerpo y la pérdida de pasto lo debilitaba, a pesar de los suplementos y buenos cuidados.

Pampa había vivido la mayor parte de su vida en los vastos parajes del sur argentino, donde el viento era un constante compañero, en un marco majestuoso de montañas y lagos, pero con inviernos muy duros. Los años habían pasado, dejando su huella en el noble equino. Sus veinte años de transitar esta tierra ya se empezaban a sentir, pero aún era el jefe de la tropilla, su sabiduría y experiencia se imponían sobre el resto.

Estaba relajado, no debía ahora luchar contra las bajas temperaturas, no necesitaba dormir refugiado en un box, la hierba crecía abundante en cada metro del campo donde estaba, por ello, eximido de esas preocupaciones, se dejó cautivar por la puesta de sol y fue atrapado por los recuerdos.

Los más lejanos lo situaban en algún lugar del sur, frío, encerrado y si bien recibía un trato razonablemente bueno de parte de su dueño, los viejos conceptos de amanse, los aperos incómodos y los frenos agresivos que le lastimaban la boca, no lo hacían feliz. Pero hasta ese momento Pampa no había conocido otra cosa.

Sin embargo, una circunstancia cambió su vida de golpe: una figura que apareció sobre la cerca, una chica que lo miraba sonriente, con simpatía e irradiaba felicidad. De alguna manera Pampa supo que estaba a punto de cambiar su destino. Ailín se acercó, lo acarició, le habló con afecto y desde ese momento caballo y mujer sintieron que nacía un vínculo, el que se iría fortaleciendo y consolidando con el tiempo.

Luego de una corta conversación, fue ensillado y transportado a su nuevo lugar. Pampa ingresó en ese momento a un mundo nuevo, en el que de repente, sentía que había una mayor consideración hacia él; en el que la mera sumisión como animal de tareas quedaba en otro nivel y ese lugar era reemplazado por una relación de afecto en el que la libertad y el espacio pasaban a ser una tangible realidad.

No obstante, fue una relación que hubo que construir. Ailín tenía un carácter fuerte y la sangre criolla que circulaba por las venas de Pampa le otorgaba una cuota de rebeldía y necesidad de imponerse. Si bien los dos disfrutaban de correr y recorrer grandes distancias, no siempre se unían voluntades. En ocasiones Pampa hacía intentos de volver a la "querencia" y Ailín quería continuar. Comenzaba entonces una lucha por el control. Finalmente, Pampa debía someterse, pero no sin costo para su jinete. Pasar rozando un árbol apretando una pierna, o de una rama baja, a lo que sumaba bufidos de descontento y orejas hacia atrás. Todos indicios de enojo. Pero hubo una circunstancia que marcó un hito en su memoria y en su actitud.

Pampa fue requerido para hacer unas tareas por un hombre de campo de Cholila quien se preciaba de domador, jinete avezado y gaucho experimentado. Ailín accedió a prestar su caballo. En su inexperiencia e inocencia de entonces pensaba que un cambio de aire, de campo y de jinete serían positivos para ambos.

Pero a Pampa varios indicadores de épocas pasadas lo intranquilizaron. De inmediato se dio cuenta de esa situación de regresión. Su capacidad para detectar emociones le advirtió que pasaba a ser nuevamente una mera herramienta de trabajo, y que si no cumplía con las expectativas iba a ser sometido a castigo.

La brusquedad mostrada por el jinete desde la primera colocación del recado evidenció una actitud de dominación y maltrato excesivo, bajo una concepción de que los animales de andar deben ser sometidos con rudeza y violencia. Sintió un profundo malestar cuando le colocaron un hierro sobredimensionado en la boca. El objetivo era hacerlos dóciles a través del sufrimiento.

Cuando el hombre lo montó, Pampa sintió la ira que emanaba de éste, al golpearlo sin motivo y al hacerle probar el freno. El jinete tiró hacia atrás las riendas y el dolor en el caballo se hizo insoportable, obligándolo a levantar tanto la cabeza que perdió de vista el suelo. El lomo se arqueó hacia abajo haciéndole más difícil

soportar el peso de ese cuerpo que lo montaba; su corazón empezó a bombear con tanta velocidad y fuerza debido al terror, que sintió que perdía el equilibrio. Ante esto, el montado comenzó a golpearlo de tal manera que Pampa caminó deseando que esa tortura terminara de una vez.

Y cada día era igual. El pobre animal intentaba hacer lo que entendía era la voluntad del hombre, quien no dudaba un instante en golpearlo con su rebenque o sus talones. Pampa quiso rebelarse un par de veces con pobres intentos pero las consecuencias de ello terminaron en una golpiza.

La principal tarea era la de arrear vacas, y en ello estaba cuando en un risco, e intentando amortiguar los golpes hizo un mal movimiento, y tanto caballo como jinete rodaron hasta el fondo de un arroyo. Invadido por la ira, el jinete lo levantó a rebencazos, muchos de ellos en la cabeza en el concepto de una instrucción de doma bestial, que aseguraba que eso los somete y los hace más obedientes. Es muy común observar, en muchos caballos, castigados de esta manera, que corren instintivamente su cabeza antes de ser montados o al colocarle el freno, ante el temor de ser golpeados.

Pasaron varios meses y Pampa no entendía por qué Ailín lo había abandonado. Extrañaba su trato amable, su amistad, sus palabras cariñosas. Hasta que un día lo fue a buscar. La alegría de verlo se transformó en furia al ver su estado y luego en profunda tristeza y culpa por haberlo dejado en manos tan crueles. Con los dientes apretados y los ojos llenos de lágrimas, Ailín abrazó a su caballo e inmediatamente se lo llevó de ese lugar.

Quizás ese fue el momento en que Ailín adhirió con fuerza a una causa que hoy la obsesiona: la lucha contra el maltrato animal.

Con excepciones, en este caminar por el mundo ecuestre, notó que el medio campestre en general, asumía la cosificación de estos seres, menospreciando su inteligencia, sus intentos de comunicación, y ejerciendo el mismo dominio paradigmático que han guiado también al racismo, a la discriminación y al sometimiento ejercido sobre seres más débiles e indefensos, casi siempre a través de prácticas violentas y abusivas.

En el caso de los caballos mucha responsabilidad viene de la tradición, por la que se ha transmitido una cultura de amanse basada en la violencia.

Esto se atribuye originalmente a la necesidad de atrapar caballos salvajes con boleadoras, y lograr una monta en poco tiempo durante la guerra contra el nativo. Para ello se utilizaron técnicas de doma a través de la fuerza, que buscaban vencer rápidamente la resistencia del caballo y lograr una pronta entrega de la voluntad del animal. Esta doma, si bien imperfecta desde varios puntos de vista, servía eficazmente a los propósitos buscados.

Por añadidura, estas prácticas que naturalizan el castigo, tuvieron desviaciones, algunas de ellas basadas en el disfrute del maltrato justificado a través de la necesidad del amanse, y otras actividades derivadas en prácticas consideradas de algún modo como competencia deportiva, llamadas "jineteadas". Éstas consisten en montar potros indómitos, que buscan liberarse del jinete mientras que éste, en una muestra de coraje y habilidad, intenta mantenerse montado mientras castiga al animal con rebenque y lo aprieta con sus espuelas.

Actualmente hay un gran debate sobre la ética de las jineteadas y si deberían continuar siendo parte de las tradiciones culturales, especialmente en un contexto moderno donde ha crecido la sensibilidad hacia el bienestar animal y la seguridad humana. En este aspecto hay una consideración de maltrato animal, ya que el caballo experimenta un estrés físico y psicológico significativo contrario a las prácticas de buen trato y por otro lado, el jinete se expone a un riesgo físico considerable en el que son frecuentes las caídas con lesiones graves, e incluso algunas muertes registradas por esta práctica.

En los últimos años fueron surgiendo otras técnicas de amanse, basadas en la creación de una relación de afecto y respeto entre el domador y quien será domado.

En la Argentina, Martín Hardoy se destaca por ser uno de los precursores, no sólo en el país sino en Latinoamérica, en aplicar este tipo de doma llamada "doma racional", la cual implica un mayor conocimiento sobre la anatomía, la fisiología y comprensión de la psicología del caballo, de sus formas de comunicarse, de reconocer sus estados emocionales, así como malestar, sumisión y empatía. A la vez se aprovecha con mayor eficiencia su capacidad de aprendizaje y atención, y facilita las tareas de entrenamiento posterior al amanse.

Hardoy, reconociendo sus antecedentes en el otro tipo de domesticación, señala una suerte de conversión a este sistema y enseña desde hace más de 30 años su propia técnica sin el uso de la fuerza para el asombro de los domadores tradicionales. Fue muy exitoso en la difusión de esta práctica, que tuvo alto impacto en el medio ecuestre y organizó cursos presenciales, formó discípulos e ideó un sistema de seguridad para caballos y jinetes.

Actualmente son muchos los que adoptaron este método con algunas variantes imponiendo distintas corrientes y otorgándoles nombres como "doma india", en el caso de Oscar Scarpati, quien relata que tomó de un maestro ranquel profundas enseñanzas y desarrolló una filosofía de vida a la que sumó a uno de sus hijos. Scarpati afirma que más allá del amanse se debe generar un vínculo inseparable de amor y confianza con el animal.

Otro referente muy destacado es Ignacio Saenz Valiente, un profesional veterinario que ha estudiado toda su vida a los caballos. Su método de doma y entrenamiento está basado en el conocimiento profundo del animal, especialmente de su comportamiento. Promueve a partir de ello una línea llamada "doma inteligente" bajo un concepto en el que resalta la ausencia de recetas rígidas, dada las diferencias de personalidad de estos animales formada en el contexto ambiental de distintas variables o por su genética. Su técnica requiere un esfuerzo de interpretación muy dinámico en el que está implícita la paciencia. No todos los caballos reaccionan igual y algunos requieren más tiempo que otros para llegar a un resultado similar.

Desde Córdoba, Mariano Cafferata enseña una modalidad de amanse en la que domador y caballo trabajan desde el suelo. Con base en la etología, psicología, anatomía y biomecánica, busca satisfacer al caballo desde sus necesidades emocionales, mentales y físicas, trabajando desde un lugar de conciencia y atención plena entre el animal y el domador. Divulga su práctica en dos libros de su autoría titulados "Entrenamiento en Libertad y Pie a Tierra" y "Equitación con sentido".

María Eugenia Fuentes, prologuista de este libro y conocida como la "amazona pampeana", es una figura emblemática en el mundo de la doma de caballos sin violencia. Su historia de vida es inspiradora, ya que debió superar una enfermedad incapacitante en la que los caballos jugaron un rol de sanación.

En una actitud de agradecimiento, decidió consagrar su vida a estos animales convirtiéndose en una reconocida domadora en un eje que ella denomina "doma natural", que desafía las nociones convencionales sobre el amanse de caballos.

Como todo investigador que pretende crecer, Ailín se nutre de toda la información y avances de los referentes que circulan por distintos medios, e incluso está en contacto con algunos de ellos e intercambian experiencias. Y mientras más investiga, más insondable se hace esta búsqueda. Nunca se completa el aprendizaje, constantemente surgen cosas nuevas para incorporar, y eso se lo hacen notar sus principales maestros, sus caballos.

Pampa aprendió a arrear vacas, orgulloso de su poder sobre ellas, disfrutaba del temor que inspiraba, y era notable cómo le gustaba aparecer de sorpresa y la hacienda vacuna huía de su presencia.

Mientras curaba las heridas en su boca, el freno fue reemplazado por una hociquera y luego sólo por una delgada soga en el cuello, para asombro de los gauchos tradicionales que no concebían que un caballo pudiera dominarse si no era con riendas unidas a un hierro en la boca.

En una ocasión la cincha se aflojó y Ailín terminó entre las patas del caballo, pero lejos de asustarse, Pampa se detuvo y mansamente esperó que le acomodaran los aperos hasta partir nuevamente.

En otra oportunidad, Ailín fue invitada a participar de una carrera de *endurance*. Una disciplina de resistencia en la que un binomio, formado por un jinete y un caballo, debe recorrer distancias que van desde los 25 a los 160 kilómetros en distintas etapas poniendo a prueba no sólo su capacidad física, sino su estrategia. La prueba es de una gran demanda física y psicológica para ambos. Si bien no tenía mucho conocimiento acerca de esta carrera, sabía que para hacer un buen papel ambos debían estar entrenados.

Sobre el tema, en aquel entonces se había estrenado la película "Océano de Fuego" interpretada por Viggo Mortensen, que versaba sobre la vida del norteamericano Frank Hosping, un gran defensor de la raza Mustang y las proezas de su caballo Hidalgo. El largometraje relata la supuesta participación de ambos, a instancias de la invitación y desafío de un jeque asiático, en una legendaria carrera de caballos de pura raza árabe de 3.000 millas de distancia, atravesando el golfo de Siria y las fronteras interiores de otros dos países, donde Hopkins y su caballo finalizan en una destacadísima actuación. La película puso a la actividad en un escenario más visible, y en Argentina se incorporaron muchos adeptos.

El *endurance* es un tipo de carrera que está conformada por distintas categorías y etapas, y conlleva un crecimiento, tanto del jinete como de la monta. Consiste en recorrer una determinada distancia en el menor tiempo posible, pero administrando la salud y el bienestar del caballo.

Para ello, hay controles veterinarios que supervisan el estado del animal en cada etapa, para determinar si está en condiciones de continuar y otro control al finalizar la carrera que evalúa la integridad del animal. El caballo sufre una gran deshidratación y la provisión de agua es fundamental. El chequeo veterinario determina, además del estado general, la exigencia cardíaca. Un caballo que ingresa y muestra pulsaciones por encima de lo reglamentado es descalificado inmediatamente o debe reingresar cuando éstas están por debajo de lo establecido.

Pampa se vio de golpe inmerso en un nivel de exigencia física desacostumbrada, pero era un animal con sobrada energía y disfrutaba de ese tiempo de entrenamiento. Todos los días recorrían el borde del río Carrileufu, desde su nacimiento en el lago Cholila hasta el paraje denominado "El Remanso", ida y vuelta en un galope constante que fue tensando y fortaleciendo sus músculos al tiempo que aumentaba su capacidad pulmonar y cardíaca. La mayor de las veces acompañados de las dos perras *golden retriever* que disfrutaban tanto como él de cada salida.

El *endurance* es una disciplina que localmente se desarrolla bajo la fiscalización de la Federación Ecuestre Argentina, y entre países, bajo la supervisión de la Federación Ecuestre Internacional, quienes manejan los calendarios de las pruebas de las diferentes distancias; la de 160 kilómetros es únicamente para binomios de élite y consta de cinco etapas. Estas carreras de endurance se realizan en distintas partes del país y algunas de ellas son visitadas por árabes de altísimo poder adquisitivo quienes compran algunos caballos que luego son llevados principalmente a Dubai, para competir en el desierto. Cuando llegó el día previo a la carrera, Ailín se vio eclipsada por un ambiente al que no estaba acostumbrada. El evento se desarrollaba en el Lago Escondido, en la propiedad del empresario Joe Lewis, en la precordillera rionegrina. Lewis además, participaba de la competencia en uno de sus caballos de raza apaloosa.

Estas carreras son una oportunidad para exhibir caballos para la venta en una alta cotización, para que propietarios y jinetes de estos animales encuentren una oportunidad de protagonismo y también para generar vínculos y roce social en las altas esferas del ecuestrismo. Ailín y su mestizo estaban muy lejos de eso, no fueron considerados para la participación de la cena ni se alojó en el lujoso hotel. Una sopa y una pequeña carpa al lado de su caballo fue el preludio de un día muy importante.

Al día siguiente, la inexperiencia de Ailín en estas lides y sus nervios fueron superados por su entusiasmo, por sus ganas de competir y su habilidad para cabalgar. Por su parte, Pampa no se amilanó ante las razas puras, caballos que parecían salidos de un salón de belleza, que piafaban con suficiencia y dejaban en evidencia su experiencia y comodidad en este tipo de competencias, junto a jinetes bien vestidos luciendo una indumentaria que no dejaba lugar a dudas de que eran enduristas profesionales.

Desde el momento mismo de la largada, Pampa dio lugar a su ánimo y comportamiento. Siempre le gustó ser el primero en la tropilla, no soportaba tener caballos por delante por lo que los fue superando a todos; su capacidad física se lo permitía y terminó primero en cada una de las etapas en una casi humillante lección a los demás competidores.

Ailín fue sorprendida por el resultado, un primer puesto muy merecido pues, si bien era su primera participación, el binomio se había dedicado con ahínco y disciplina para, al menos, no ser relegados a las últimas posiciones. Quiso atesorar el recuerdo y buscó en el panel de exhibición de fotografías algunas que le permitieran inmortalizar esos momentos, pero eran tan pocas las expectativas que había generado por su aspecto amateur, por su no especializada vestimenta, y por no integrar el círculo del ecuestrismo profesional, que los fotógrafos apenas la habían considerado.

A partir de esta actuación, el *endurance* formó parte importante de la vida de ambos. Entrenaban todos los días y casi siempre hacían podio en los torneos regionales, y en algunas oportunidades lograban uno de los galardones más codiciados, el de *Best Condition*, que premia al caballo que termina en mejor condición física.

En el endurance conoció a Mariano, su actual esposo, que era también un activo participante como corredor, compitiendo muchas veces en las categorías más exigentes y como veterinario especializado en medicina equina, en el que ponía a su disposición su conocimiento y experiencia al servicio de los organizadores de la competencia. Y en muchas ocasiones debió viajar a Dubai llevando caballos que habían competido y obtenido buenos resultados. Pero Pampa nunca fue ofrecido. Montar no está exento de riesgos y Mariano sufrió un grave accidente que lo dejó inmovilizado por varios meses y debió soportar una convalecencia de años. Fueron tiempos críticos en los que Ailín se sintió sobre exigida, en lo físico y en lo anímico y Pampa ayudó a paliar esa situación cumpliendo un rol destacado.

Debieron transitar uno de los inviernos más duros vividos en la Patagonia, en el cual los animales requerían un suplemento permanente de pasto, ya que éste desaparecía por las heladas o la nieve. En las chacras de El Bolsón, la mayoría de ellas de superficies relativamente pequeñas, se deben almacenar fardos calculando su consumo hasta promediar la primavera.

En una oportunidad, Ailín estaba al límite de su resistencia física y anímica, trasladando estos pesados fardos entre la nieve y el barro bajo la lluvia y requirió del auxilio de su caballo. Hizo una suerte de trineo con los que arrastraba la pesada carga tirada por Pampa, hasta que éste se negó a continuar. Viendo que los valiosos bloques de alfalfa, que había adquirido a un alto costo y con mucho sacrificio, se podían perder al mojarse con la lluvia, y estando con mucha presión acumulada ante tanta adversidad, estalló en llanto y descargó en su amigo la frustración, castigándolo.

Pampa la miró incrédulo y asustado al principio, pero su capacidad de percepción le hizo entender que Ailín atravesaba una situación que no lograba controlar, cerró los ojos, y sin moverse resistió estoicamente el castigo sin reaccionar.

De golpe Ailín fue consciente de que se había dejado llevar hacia una acción que repudiaba, estalló en llanto, lo abrazó y le prometió que nunca más se permitiría descontrolarse de esa manera. La calidez de su cuello, el olor típico del caballo y su mansedumbre la relajaron, sintió que en su nobleza infinita la perdonaba y ese fue un jalón muy marcado en el recuerdo, que profundizó aún más la relación. Ailín soltó al caballo, le dio pasto, agua y lo resguardó del frío y la lluvia en un box. Acto seguido, hombreó los 200 fardos que habían llegado en un camión hasta el galpón de heno, pero con otro ánimo y con renovada energía.

En la medida que Pampa crecía en años, Ailín fue preparando otros caballos para continuar con las carreras, y el noble alazán fue destinado a la enseñanza de equitación, a los paseos, y a otras actividades menos exigentes. Todos los aprendices lo amaban porque transmitía confianza, algunos alumnos lo cepillaban y peinaban. Y él los dejaba hacer, era parte de la enseñanza y lo disfrutaba.

Su traslado a Lobos no fue traumático, aunque no le gustaba viajar en el carro. Subirlo llevaba su tiempo, y en ocasiones, Mariano con sus amigos lo levantaban casi en andas y lo metían adentro. Pero el premio al llegar fue grande...

Ailín lo observaba con atención. Pampa bajó del vehículo de transporte y encontró un mundo nuevo, una gran pradera cubierta de pastizales, una temperatura agradable, y su compañera de tantas aventuras que lo miraba sonriente. Estuvo unos minutos sin moverse observándolo todo y luego se puso a comer pasto, como indicando que estaba tranquilo y que acordaba con esta nueva situación.

El trabajo con los otros caballos lo relegó a una suerte de retiro honorable. Actualmente se mueve en el campo con mucha libertad en el sector donde los pastos son más sabrosos y en ocasiones se aproxima hasta los corrales para no perder el contacto humano.

En uno de esos acercamientos se sintió premiado con unos cubos secos de alfalfa, los que, más que un alimento, eran considerados golosinas. Hacía mucho que no los saboreaba, desde sus tiempos en Patagonia en el que se le administraba como suplemento alimentario. Su ansiedad y gula le jugaron una mala pasada, los cubos se trabaron en su garganta y le dificultó respirar. Pero Ailín estaba relativamente cerca, y sintiendo que lo que le ocurría revestía gravedad, fue hacia ella intentando hacerle notar su malestar.

Ailín vio que se acercaba caminando de manera anormal, errática, y cuando la miró con expresión de dolor y al límite de su necesidad de aire, inmediatamente comprendió lo que le ocurría. Mientras masajeaba su cuello llamó a gritos a Mariano y le dijo lo que pasaba. Veterinario de muchas lides, corrió con una botella de aceite y de a poco, lubricando y masajeando el esófago lograron hacer pasar los engañosos cubitos por su garganta.

A los ojos de Ailín, Pampa es un símbolo que en su significancia, atraviesa a toda su tropilla. A pesar de sus años mantiene una imponente presencia, con una mirada franca, serena e irradiando nobleza. Al mismo tiempo, se erige como un ejemplo de valentía y fortaleza, encarnando valores de lealtad, compañerismo y perseverancia, casi un emblema de lo que se puede construir en una relación armoniosa con quien sabe, comprende y aprecia a estos nobles e inteligentes animales. Ailín aún es su líder, su guía y mantienen esa conexión profunda que trasciende al tiempo.

MORI
Así comenzó todo

-Dany ¿Dónde está Ailín?

-¿No está con vos?

-¡No! Te la llevaste para que te acompañe en la sala de incubación.

Y así era. Silvia, mi esposa, tenía razón. Estaba reparando una pileta de alevinaje de truchas y me distraje descuidando a mi pequeña hija de dos años... ¡Qué padre irresponsable!

Salimos corriendo a los gritos llamándola. Vivíamos en la estación de piscicultura de truchas de Arroyo Baguillt, cercana a la localidad de Los Cipreses y a pocos kilómetros de Trevelin en la provincia del Chubut. Había muchas piletas llenas de agua y truchas, con una profundidad muy superior a la altura que tenía Ailín. Las recorrimos todas esperando encontrar lo peor y afortunadamente esa primera búsqueda resultó infructuosa.

Silvia no perdió un segundo en regañarme y en una sabia decisión tomó la camioneta y fue a buscar ayuda. Yo me quedé recorriendo y a mis ojos se evidenciaban con mucha claridad los mil peligros que en ese lugar acechaban a una pequeñita que había empezado a caminar hacía muy poco. Había agua por todos lados. Además de las piletas había un canal de aducción que alimentaba los recintos de los peces, una alcantarilla en el camino de acceso, lagunas artificiales donde manteníamos los grandes reproductores de salmónidos, y el canal de drenaje que devolvía el agua al río. Por otro lado, discurría el arroyo del cual se alimentaba la piscicultura, gigante desde su relativa dimensión, muy correntoso, lleno de piedras y ramas. Y un poco más allá, la ruta que llevaba al límite internacional con Chile.

Habíamos llegado a ese lugar con nuestra hija recién nacida. El gobierno de la provincia del Chubut había construido esa estación de cría de peces para fomentar la actividad de pesca deportiva vinculada al turismo y su función principal era el repoblamiento de los ríos y lagos de su territorio para el refuerzo de las poblaciones silvestres. Un largo camino que, con muchas sinuosidades, nos había llevado a esa instancia de nuestra vida comenzando como una joven familia.

La vida de Ailín en la piscicultura era muy diferente de la de cualquier chico que conociéramos. Para espanto de nuestros padres y de Don Ernesto Williams, empleado de la dirección de Pesca en esa piscicultura, Ailín nos acompañó en cada una de nuestras tareas propias de esa gestión. La captura y desove de reproductores de truchas que incluía campamentos en pleno invierno en la boca de los ríos mientras hacíamos lanzamientos de pesca con nuestras redes, largas navegaciones y trabajos de estudio en casi todos los lagos de

la provincia, algunos muy grandes como el embalse Amutui Quimei, donde buscábamos salmones salar, o el lago Vintter por sus truchas fontinalis. Un muestreo mensual de peces en el lago Rosario y muchos viajes y encajadas en camioneta.

Ailín participaba en cada una de nuestras actividades. Al principio la llevábamos en un moisés y la cubríamos, bien abrigada, debajo de la cobertura de lona en la proa del gomón, y en la medida que fue creciendo disfrutaba de cada una de las salidas, diferenciaba los pejerreyes de las truchas, y se entretenía juntando anfípodos en la orilla, sabiendo perfectamente su nombre y el de otros invertebrados acuáticos.

Compramos una mochila para poder llevarla a nuestra espalda. En esa época yo cazaba liebres con frecuencia para proveernos de una proteína saludable y salía por las tardes con los perros, una escopeta calibre 16 y Ailín en la mochila. Su primera palabra no fue ni mamá ni papá, sino "busque", que era la orden que le dábamos a los perros.

Desde que nació, su pediatra en Bariloche, el doctor Víctor Villuendas la percibió muy despierta y nos instó a comprar unos libros de "Estimulación Temprana" para llevarnos como guía de crianza en nuestro nuevo destino.

Como resultado de varios trabajos de investigación, habían determinado que los primeros años eran los de mayor importancia en la formación física y del intelecto, por lo que seguimos al pie de la letra lo que este médico y los manuales decían; entre otras cosas que debía dormir en una habitación diferente a la que nosotros dormíamos, aunque nos partiera el alma, dormir boca abajo y mucho ejercicio. Ailín tenía pocos meses pero hacía ejercicios abdominales. Para asombro de todos le sujetábamos los piecitos y ella se sentaba como si estuviera en el banco de un gimnasio.

Fue creciendo y daba muestras de independencia y de falta de temor. Íbamos todas las tardes hasta la toma de agua, a buena distancia aguas arriba, y al regresar la hacíamos caminar. Dada su curiosidad se entretenía con muchas cosas que le llamaban la atención, sea bosta seca de caballos, escarabajos, ranitas o flores. Entonces nos escondíamos para ver cómo reaccionaba al encontrarse sola, pero sin amilanarse buscaba la senda y seguía caminando sin hacerse ningún problema.

Y ahora estaba perdida, por mi culpa, por mi irresponsabilidad. Empecé a correr por el campo mientras Silvia volvía con ayuda. El lugar estaba lleno de arbustos lo que dificultaba la búsqueda. Yo la llamaba esperando escucharla llorar pero los teros gritaban cubriendo cualquier otro sonido aumentando mi impotencia.

Silvia llegó enseguida con Don Williams y varios vecinos quienes de inmediato se pusieron a buscarla. Todos eran muy baqueanos. Luego de tres horas de terrible angustia, cada vez ampliábamos más el radio de búsqueda. En un momento me ganó la desesperación y me puse a llorar pensando que no la íbamos a encontrar. Me arrodillé y oré con desesperación y a los gritos, pensando que sólo Dios podía ayudar en ese momento. Le prometí mil cosas, que luego no cumplí, si la encontrábamos sana y salva.

En el frenetismo de la búsqueda tratamos de organizarnos y caminar barriendo el terreno. A las cuatro horas transcurridas, Silvia iba caminando mientras la llamaba y Ailín salió detrás de un arbusto y comenzó a caminar detrás de ella en silencio. Un vecino, llamado Lautaro, que venía unos metros atrás alcanzó a verla, la levantó y la puso en brazos de su madre quien la abrazó con fuerza mientras incorporaba esa información increíble de que su chiquita estaba nuevamente en sus brazos. Todos tuvimos alguna reacción, de llanto, de gritos, queríamos tocarla y abrazarla. Estaba toda mojada, había cruzado dos canales con agua, tres alambrados, la ruta nacional y estaba a unos tres kilómetros de su punto de partida.

Nos la llevamos a casa, la secamos, la cambiamos, le dimos de tomar algo caliente y aunque Ailín no era consciente de lo que había pasado y de lo que podría haber sucedido, nosotros estábamos destruidos.

La acosté en su camita en la pieza y luego de un momento Silvia vino dispuesta a amonestarme. Había llegado el momento de hablar, pero al llegar a la habitación me encontró llorando abrazado a mi hija, abrazo al que se sumó inmediatamente sin dudarlo y así permanecimos mucho tiempo. Luego de ello, nunca más hablamos del tema si podíamos evitarlo.

Ailín se hizo famosa en los Cipreses y aún en Trevelin. Mi madre, luego de enterarse y sorprenderse por lo que habíamos pasado se ocupó de contar, en cada oportunidad que tuvo, las andanzas de su primera nieta, e intentaba mostrar preocupación, pero con un dejo de orgullo que no podía evitar, aunque su hijo quedaba cada vez peor conceptuado como padre por su descuido.

Silvia y yo tratamos de olvidar lo que pasó, aunque la experiencia nos volvió más posesivos, nos hacía muy mal el recordarlo. Aún hoy, después de más de treinta y ocho años,

mientras escribo me vuelve la angustia y el temor de cómo hubiéramos podido sobrellevar nuestra vida si la hubiésemos perdido. Pero lo describo porque define bien su carácter y actitud marcada desde muy pequeña y que aún conserva.

A sus cuatro años, sabíamos que Ailín necesitaba mayor vida de relación con otros chicos, tenía edad para ingresar en un jardín de infantes. Ya leía bastante sin que nos esmeráramos en enseñarle, pero veía Plaza Sésamo en la única señal de TV a la que teníamos acceso. Era época electoral y recitaba en voz alta los carteles de cada uno de los candidatos.

Volvimos a Bariloche. El gobierno de Río Negro nos convocó para desarrollar el área de pesca continental, la pesca en aguas interiores, área recientemente creada. Habíamos comprado una camioneta Jeep Gladiator, cargamos nuestras posesiones y nos embarcamos a nuestro nuevo destino. Pablo, el hermanito de Ailín ya estaba en camino.

Ambos desarrollaron toda su infancia y adolescencia en Bariloche. Pero en este transcurrir, los viajes a Cholila eran cada vez más frecuentes, donde estábamos construyendo una cabaña. Y en uno de esos viajes conocimos a Mori.

Ailín sentía una enorme atracción por los caballos desde muy pequeña, su habitación estaba tapizada de imágenes de estos animales y en los viajes, cuando veíamos una tropilla estábamos obligados a parar porque los quería llamar. Se bajaba, corría seguida de su hermanito hasta el alambrado e imitaban su relincho. De inmediato, los caballos paraban las orejas, levantaban su cabeza y se venían hasta donde ellos estaban. Los chicos los acariciaban, les daban pasto y luego de un rato finalmente podíamos continuar.

El abuelo Roy le regaló un caballo que estaba en la chacra de Cholila. Pero confundió ese caballo con otro del mismo color. El que regaló era de un poblador cercano. Sin saber esto, en una de nuestras visitas notamos su ausencia. Le preguntamos a un vecino y nos hizo saber que el caballo era de él y que lo había carneado. Fue tremendamente traumático. Si bien asumimos que el abuelo se había confundido, al enterarse de esa noticia Ailín quedó completamente consternada…. Pero ocurrió una situación extraña. Mientras estábamos desayunando en nuestra cabaña en construcción, una joven yegüita asomó su cabeza por una de las ventanas que aún estaban sin vidrio.

Mori se acostumbró a visitarnos cada vez que llegábamos a Cholila. No sabíamos cómo se enteraba de que estábamos ahí, no sabíamos de dónde aparecía ni por dónde ingresaba, pero evidentemente un alambrado o tranquera cerrada no eran impedimento para ella. Y cada vez que venía pasaba el día con nosotros, jugando con los chicos, y haciendo evidentes gestos de que se sentía a gusto con ellos.

Finalmente encontramos a quién pertenecía y, luego de un simple trámite nos la vendió. Era una potranca joven, sin domar y su antiguo dueño se pudo deshacer de ella ahorrándose todo el tiempo de amanse, condición importante en este tipo de transacciones.

Mori tenía mucha sangre criolla. Sus características morfológicas respondían a los términos de la raza, aunque era un poco más retacona. Pero lo que más la identificaba era su carácter. Activa, dominante, con una terquedad manifiesta que le costaba reprimir, y no dudaba en hacer notar su disconformidad si no estaba de acuerdo con algo.

Pero tenía una gran capacidad afectiva y Ailín fue adoptada como compañero humano. Nunca la agredió, pero Ailín debía esquivar sus pisotones. Pero no le fue difícil amansarla, a pesar de que era su primera experiencia en estas lides.

Nuestros viajes a Cholila se convirtieron en viajes a visitar a Mori. Cuando no podíamos cruzar el río para llegar a nuestra cabaña, la yeguita nos ayudaba a llevar todas las cosas en un carrito que se usaba para trasladar embarcaciones. Ailín y Pablo lo habían adaptado para el traslado de carga y para jugar. Mori los arrastraba y ellos gobernaban el carro con un palo a modo de freno. Todos se divertían.

Así comenzó Ailín su aprendizaje práctico de entrenamiento de caballos. Leía todo lo que estuviera a su alcance, pero fue Mori quien realmente le enseñó. Aprendieron a comunicarse y para asombro de gauchos y pescadores a veces aparecían Ailín y Mori nadando en el lago Cholila. En una oportunidad accedieron a una bahía que se había apropiado un vecino y a la cual le había cerrado todos los accesos. Cuando aparecieron los empleados en actitud poco amistosa pensando que habían derribado un alambrado o violentado una tranquera, le costó mucho hacerles entender que habían accedido nadando.

Pero la buena relación que Mori tenía con Ailín contrastaba con la que tenía con los otros caballos. De inmediato mostraba superioridad y actitud belicosa hasta que el otro se sometía. Entonces lo adoptaba y lo cuidaba. Tenía todas las características de un líder y de inmediato se posicionó como yegua madrina.

Cuando erupcionó el volcán Puyehue, afectando con agresivas cenizas la zona de Bariloche y Villa La Angostura, un criador de la península Huemul, en la margen norte del lago Nahuel Huapí, le pidió a Ailín protección para sus caballos. Una gran tropilla recaló en Cholila. De inmediato Mori les hizo saber su posición y asumió el liderazgo.

Una de sus habilidades más características era la de escapar de cualquier encierro. La hemos visto echarse cuerpo a tierra y pasar por debajo de un alambre un tanto flojo, que ella identificaba inmediatamente. Desataba nudos, abría tranqueras, no había forma de mantenerla en un recinto, aunque tuviera agua y pasto. Siempre el pasto de afuera era más apetecible.

Lo malo de esto es que llevaba consigo a toda la tropilla, para preocupación de Ailín y molestia de los vecinos, que de repente se encontraban con que tenían una caballada en su jardín, su huerta, el camping del río Carrileufu o algún predio reservado.

El abuelo Roy aprendió que debía guardar muy bien todo lo que fuera comida, porque Mori veía una bolsa e inmediatamente la tomaba y la sacudía para volcar el contenido. Una vez se metió adentro de su casa y se apropió de todo, desparramando comida y ropa por toda la propiedad.

En un momento Ailín decidió que quería tener un potrillo de Mori. Cerca del pueblo, un rico estanciero, Billy Reynal tenía un criadero de caballos de la raza Cuarto de Milla y en el lote había un padrillo que había ganado muchos premios. Fue la primera pareja de Mori. El padrillo tuvo un triste final. Un peón despechado y resentido, al no poder accionar contra su ex patrón, lo castigó a través de su caballo matándolo una noche, en medio del campo y haciéndole saber su autoría.

Mori parió entonces a Quimey, una hermosa potranca que Ailín también amansó y la hizo su sillera. Pero en una circunstancia traumática, un silo que almacenaba avena se rompió y la glotonería de Quimey la llevó a comer sin límite, resultando en una muerte por indigestión muy dolorosa. Quimey la buscó a Ailín y presa de fuertes cólicos se echó a su lado. Fueron tres días muy duros tratando de salvarla. Finalmente Ailín tomó su cabeza y la puso sobre sus piernas mientras lloraba y se despedía de su yegüita. Mori hizo su propio duelo.

Al día siguiente, Ailín fue hasta el lugar y estando sola le dio libertad a su tristeza estallando en llanto, Mori se acercó y comenzó a lamerle la cabeza, en una actitud de consuelo, en una expresión de afecto que Ailín nunca había visto entonces, ni vio después. Luego se apoyó en su hombro como diciendo "Ya no está con nosotros", y se internó en el campo.

Más adelante tuvo una nueva cría. Esta vez con un padrillo árabe de cuya unión nació Piuké, la actual sillera y compañera de Ailín, a quien crió casi con sobreprotección.

En la medida que los años fueron avanzando, Mori dio muestras de extrema mansedumbre y de disfrutar con el contacto humano. Tanto fue así, que fue pedida por un equipo de equinoterapia en El Bolsón donde muchos pacientes desarrollaron una hermosa relación con ella.

PIUKÉ

Sillera y compañera

El caballo y su jinete corrían por el recinto que se había preparado para el curso de riendas. Era un domador patagónico y la presencia de un numeroso público lo estimulaba y le daba una buena oportunidad para mostrar y hacer alarde de su habilidad para montar, del dominio y del nivel de sometimiento logrado sobre la noble bestia, evidenciado ésto por la rápida respuesta a los violentos movimientos de las riendas.

Luego de un último y veloz galope, se detuvo finalmente en el punto de partida con un seco tirón del freno, rasgando el suelo con las patas traseras de su caballo. Se apeó y miró alrededor, en una indisimulada expectativa de aprobación por su actuación, esperando un aplauso, gestos de admiración y la felicitación de Don Manuel Campos, el instructor que había viajado de México invitado para dictar este curso.

El robusto mejicano se volvió hacia él y en un tono poco controlado, le ordenó:

- Ahorita pues, haz lo mismo que hiciste recién, pero con las riendas colgando, sin tironear.

Ante esto el gaucho se negó de plano respondiendo que no se puede gobernar un caballo sin ese tipo de control.

- ¡Es como manejar un auto sin el volante! ¿Qué me está diciendo?

- ¡Pues entonces tú no sabes andar a caballo! ¡Y tampoco sabes amansar! ¿Crees que sólo metiendo un hierro en la boca y lastimando sus quijadas puedes manejar un caballo? ¡Tienes mucho que aprender!

El aludido no supo que responder, era una situación no esperada y en su desconcierto, sólo atinó a tomar su caballo y a alejarse refunfuñando del lugar.

Volviéndose hacia una de sus alumnas, y manteniendo el tono poco cordial y autoritario preguntó:

-Y tú. ¿Cómo te llamas?

- Yo soy Ailín.

-Y tu yegua, ¿tiene nombre?

-Sí. Ella es Piuké. Es mi sillera y mi compañera. Su nombre en mapuche significa "corazón".

Don Manuel mantuvo su postura y se esforzó en no exteriorizar su complacencia ante la respuesta y consideración de Ailín hacia su yegua. Sus años de experiencia le revelaron de inmediato que este binomio tenía un vínculo especial y que en esta relación jinete y cabalgadura había afecto y respeto recíproco.

-Muéstrame qué sabes hacer Ailín. Da unas vueltas al paso, trotando y galopando, para un lado y para el otro y luego te detienes ante mí.

Ailín se inhibió un tanto ante esa presencia tan dominante y ese tono imperativo y por un instante perdió seguridad en sí misma y temió ser amonestada delante de todos. Pero Piuké respondió, como si hubiera entendido desde el principio que estaba en juego su prestigio y el de su amiga, por lo que, apenas echaron a andar, Ailín se abstrajo absolutamente del contexto examinador y se inundó de confianza. Nada más importaba que hacer lo que hacían siempre, disfrutar de su mutua compañía, y se lanzó sin esfuerzo a un trote largo, que luego fue un galope suave, cambiando de dirección, de velocidad, de paso, sin evidencia de órdenes, sin castigo, con el entendimiento que ambas se tenían y sólo las atentas y movedizas orejas de Piuké, revelaban la comunicación entre ellas.

Don Manuel Campos no la felicitó, pero tampoco la corrigió. No era su estilo, debía conocer a todos aún, pero automáticamente en su mente y en su sentir, clasificó a Ailín y Piuké entre los cursantes a los que les prestaría mucha atención.

El curso se dictaba en San Martín de los Andes. Y habían invitado para conducir a este referente internacional en todo lo que era doma y amanse, quien había establecido una modalidad a la cual él mismo llamó "Rienda es Rienda". El principio básico es el respeto al animal y lograr obtener de él su mejor versión, entendiendo su naturaleza, no sólo anatómica sino también su aspecto emocional y su inteligencia aplicada luego al entrenamiento.

Con el transcurrir de los días, Don Manuel Campos, ayudado por su hijo, siguió vociferando y dando indicaciones, pero ya todos sabían interpretarlo y nadie se amilanaba ante sus gritos.

-Quiero enseñarles cómo acercarnos al caballo que aún es potro, y en esto es muy importante nuestra actitud con las manos. ¿Alguien me puede decir por qué son importantes nuestras manos cuando nos acercamos al animal?

Ailín, ya vencida su timidez ante el instructor mejicano y sus compañeros de curso, se adelantó y explicó, según ella había leído y aprendido de otro referente del amanse, Don Monty Roberts, que las manos, ante un animal que es presa como el caballo, emulan las garras de un felino y éstas les inspiran miedo.

La risotada espontánea de Manuel Campos al escucharla, se trasladó rápidamente a su barriga y luego a su enorme poncho, tanto que todos rieron. Ailín se sorprendió ante tal reacción, ya que la exposición de este concepto le parecía muy razonable y creíble, pero lejos de avergonzarse, también se unió a las risas.

-¡Pues aquí tenemos una tigresa! De ahora en más para mí ya no eres Ailín, eres la temible tigresa que con sus garras despierta temor en la tropilla. ¡Cuidaos pues de ella, ya que con sus afiladas uñas puede rasgar la carne de nuestros caballos!

Acto seguido, el mejicano dijo que no acordaba con esa hipótesis, que sí la conocía, pero vio una oportunidad de introducir un comentario que distendiera a sus alumnos. Y procedió a explicar su propia posición sobre el tema.

-Con nuestras manos haremos nuestro primer contacto físico. Considero que en mi método de amanse "Rienda es Rienda", éste es uno de los pasos más importantes que cimentará y dará comienzo a nuestro código de comunicación. Es el inicio formal de la doma, por lo que debemos ser muy considerados.

-Cuando estemos encerrados en el corral con el potro, éste prestará mucha atención a nuestros movimientos, al lenguaje corporal y aún al hormonal, pero le dará énfasis a nuestras manos. Observarán que nuestras manos abren tranqueras, manipulan objetos y con ella los acariciamos y tocamos. A lo largo del tiempo, el potro comenzará a seguir el movimiento de las manos y ello nos resultará útil en nuestro ejercicio de control.

Todos escuchaban con atención. Para la mayoría, ésta era una nueva forma de comunicarse, mayormente desconocida, sorprendente, que respondía a una lógica razonable pero no aplicada. El instructor, mientras hablaba gesticulaba apoyando con movimientos sus palabras.

-Por ello, cuando nos acerquemos al potro, nuestra mano debe tener una actitud de contención y apego, con ánimo de empatía y asociación. Cuando perciba esto y lo acepte, siempre buscará refugiarse en ese gesto que emitimos hacia él, y lo notaremos porque en lugar de retirarse se apoyará, recargando su peso.

Cada vez que lo veamos nervioso o con miedo, deberemos apoyar la mano en su pescuezo, dándole tranquilidad y refugio ante cualquier eventual amenaza. Inmediatamente se relajará y agradecerá ese gesto de seguridad que le brindamos, fortaleciendo el vínculo.

Fueron muchos los valiosos conceptos y profundas enseñanzas que, con toda generosidad y exquisita didáctica, Don Manuel Campos transmitió al grupo, a quien ya no intimidaba, pero del cual sí supo ganarse su respeto y ser considerado como un gran maestro.

Cuando estaban por finalizar el curso, Don Manuel Campos se dirigió a Ailín y le pidió, en lo que pretendía ser una orden, pero ya menguada en su forma por la relación establecida, que le contara la historia de Piuké, porque apreciaba saber de los caballos de sus alumnos.

-Cuéntame sobre el espíritu de ese animal - reclamó el mejicano. - En verdad es interesante, los caballos rebeldes son difíciles de amansar, pero percibo que, en este caso, la relación que los une, eso es un paliativo.

A pesar de su fachada dura y de su amplia trayectoria, Manuel lejos estaba de ser soberbio. Era permeable a nuevos saberes, a nuevas experiencias. Sabía que nunca terminaba de aprender. De joven le enseñaron que a los caballos había que tratarlos con dureza, y además le habían inculcado que él venía de una "tierra de hombres" y que el ecuestrismo estaba muy ligado a la masculinidad. Fue iniciado en la charrería, el típico jinete mexicano que ejercía un fuerte dominio de su monta.

Pero su capacidad, percepción y amor por los caballos le fueron cambiando esos conceptos y él mismo admitía que hasta sus alumnos le brindaban alguna cosilla que podía rescatar para incorporar en su baúl de conocimientos.

-Puedo hablar todo el día de ella. Poseo varios caballos y con todos tengo una buena relación. Pero Piuké es especial, es mi preferida, es mi compañera. Te voy a aburrir.

-Tendremos tiempo. Y si no me logras contar todo quiero decirte que estás invitada a visitar mi rancho en California, junto a tu marido. Allí me puedes completar su historia mientras comemos unos tacos mejicanos o cabalgamos por la propiedad. Sólo tienen que llegar hasta allí por vuestros medios. Yo los recibiré con gusto.

Manuel era muy consciente de la enfermedad que lo aquejaba. Un agresivo cáncer que limitaba su horizonte de vida, y lo apuraba a dejar un legado. Por ello valoraba mucho encontrar personas que compartían sus valores y conexión con estos animales, que entendían que los caballos no eran meras herramientas, que estaban provistos de una inteligencia mal considerada, que era posible descubrir su nobleza, fidelidad e interactuar con ellos de una manera distinta a como se había hecho siempre.

A pesar del agotamiento producido por la jornada, el fin del día se prolongó en una larga vigilia invadida de remembranzas. La mente de Ailín se remontó automáticamente a esa noche en que, estando en El Maitén, Piuké nació en su sueño y lo primero que hizo al despertar fue tomar el teléfono y hacer una llamada.

-Papi ¿Podrás ir hasta la pampita en Cholila y fijarte si parió Mori? Todavía no es tiempo, pero soñé que había nacido una potranquita y ya le puse nombre, se llamará Piuké. Me estoy preparando para salir para allá a hacerle el *imprinting*.

- Ailín, me estás asustando. Efectivamente. Acaba de nacer y Mori la está lamiendo.

Cuando Piuké abrió los ojos por primera vez, se encontró tirada en el pasto en Cholila. Su madre la estimulaba a lengüetazos e inmediatamente sintió la necesidad de alimentarse. Mori la guió para tomar el calostro, la primera y esencial leche segregada, rica en inmunoglobulinas y primera barrera ante las agresiones de este nuevo mundo al que se enfrentaba fuera de la confortable y segura placenta.

Cuando Ailín llegó, la abrazó con fuerza, sintiendo un intercambio de energía que se transformaría en un sello de conexión que conservarían para siempre. En ese instante supo que sería su yegua para toda la vida. Piuké la miró con sus enormes ojos inundados de ternura, su curiosidad era evidente y parecía querer abarcar todo en esas primeras horas de vida. Era el producto de la cruza entre un padrillo árabe y una hembra criolla, y si bien era un misterio lo que deparaba el bagaje genético y lo que tomaría de cada raza, la impresión que tuvo Ailín fue de completa perfección.

De inmediato comenzó a hacer el *imprinting*, una práctica de socialización que genera un nexo temprano con el ser humano. Los caballos nacen con todos sus sentidos desarrollados y en las primeras horas absorben una gran cantidad de conocimientos que quedarán grabados en su memoria para siempre. Es ésta una suerte de presentación con diversos estímulos que son estampados en su cerebro de por vida.

Piuké creció en Cholila. Nació en una buena época, a fines de primavera y se desarrolló fuerte y sana bajo el cuidado de su madre, enfrentando con éxito su primer invierno. La tropilla no sólo la adoptó, sino que se dejó cautivar y fue cómplice en el desarrollo de un carácter dominante, sin miedo a nada. Plena de energía provocaba a los otros caballos y los invitaba a correr. Muchas veces se escuchaba el tronar de los cascos sobre la pista de aterrizaje de Cholila y aparecía Piuké liderando a toda velocidad, seguida por todos los demás.

En su primer año de noviazgo, Ailín se mudó a El Bolsón, con quien es hoy su esposo, Mariano Thill, un veterinario tan apasionado como ella del mundo ecuestre. Se fue con Piuké ya destetada, su gato, su perro, su revólver y su cepillo de dientes.

En una chacra que alquilaban armó un corral redondo y ahí comenzó su entrenamiento. Si bien estaba contextualizada en una atmósfera de afecto, y ambas disfrutaban de esos momentos, fue una lucha de caracteres. El perfil dominante que Piuké había heredado de su madre y potenciado por su tiempo con la tropilla, aparecía frecuentemente con fuerza y Ailín debía poner límites. Y a veces no era fácil.

Ailín y Mariano se prepararon para viajar a San Diego, California para conocer la escuela hípica llamada "Rancho Los Amigos" y seguir confraternizando con uno de los grandes referentes actuales de la doma y el amanse, pero la pandemia se les interpuso y les impidió viajar. Cuando por fin se dieron las condiciones, les llegó la infausta noticia del fallecimiento de Don Manuel Campos, producto de su avanzada enfermedad.

Pero sus enseñanzas fueron bien atesoradas y Ailín escribió una carta que nunca fue enviada, pero sintió la necesidad de responder a las preguntas de este instructor mejicano que había calado hondo y le había aportado tanto.

Querido Manuel

Me preguntaste por el espíritu de Piuké. Es del tamaño de una montaña, a pesar de su baja alzada siempre sentí eso. Me costó mucho amansarla. En mi inexperiencia muchas veces me frustró, sentía que libraba una lucha de poderes, me hacía llorar, pero me le impuse siempre. Nunca fue una yegua dulce, vivía lastimándose porque intentaba superar cualquier barrera que se le pusiera, estudiaba las formas de cierre de las tranqueras, levantaba los alambrados que estuvieran flojos, volteaba palos.

A otros caballos los quería moler a patadas, a veces los acorralaba y éstos en su desesperación por huir, tiraban todo abajo. En las carreras que corrí con ella debía alertar sobre esto a mis competidores, y siempre debió lucir una cinta roja en su cola. No podía ni siquiera entrenar con otros caballos ni salir en grupo. No los toleraba. Hasta que un día Mariano me pidió que buscara un tobiano para traerlo a casa de tiro. Apenas lo vio echó las orejas para atrás y se dispuso a atacarlo en cuanto yo me descuidara. Me acerqué al caballo que estaba atado a un palenque y le di varias vueltas a una distancia prudencial. Con una fusta corta, sin pegarle, la distraía cada vez que lo miraba con furia. En la medida que se fue relajando me fui acercando.

El caballo era muy tranquilo y sumiso, algo que Piuké detectó enseguida. Luego de un tiempo la yegüita lo fue aceptando y finalmente le puse un cabestro con bozal y lo traje de tiro. En el camino, cada vez que Piuké se retobaba, la reprendía hasta que se resignó y volvimos los tres a nuestra chacra. Mi sonrisa llegaba hasta las orejas, había logrado un nuevo avance.

Siempre fue muy bruta, pero desde pequeña descubrí que estaba dotada de una inteligencia superior, y el valerme y aprovecharme de ello entiendo que fue el secreto para su amanse. Nunca intenté doblegarla o someterla. Ella entendía que cuando hacíamos una práctica, buscábamos un objetivo. Y si bien se enojaba con facilidad, nunca intentó dañarme, nunca corcoveó ni intentó tirarme.

Con Piuké hice muchas salidas a la montaña y los paisajes me parecían más hermosos cuando los recorríamos juntas, los lagos parecían más azules, los bosques más verdes, sus olores más intensos.

Muchas veces nos metimos en el lago Cholila, un espejo de agua pegado a la cordillera, y nos internábamos tan profundo que finalmente yo me deslizaba hacia atrás y ambas debíamos nadar. Le encantaba esto, y al salir se quedaba unos minutos en la playa dando manotazos en el agua a modo de juego.

También conoció el mar y algunas carreras de "endurance" las hicimos recorriendo una buena distancia sobre la playa. Lo disfrutamos, absorbíamos la brisa fresca con olor a mar, buscábamos correr sobre la arena apelmazada más firme, donde las olas nos tocaban. Era tan evidente su disfrute que debía frenarla un poco porque incrementaba la velocidad de su galope como si le dieran una inyección de energía.

Esta armonía que fui logrando me permitió conocerla tanto que sabía que conseguiría muchas cosas con ella, y uno de mis objetivos era que aprendiera a echarse. Yo había trabajado en equinoterapia, y le prometí a una nena que estaba en silla de ruedas que le enseñaría a los caballos a echarse para que chicos en su condición, pudieran subirse con comodidad. Empecé con Piuké, y no sólo aprendió a echarse, sino a sentarse sobre los cuartos traseros, a acostarse, a atender mis indicaciones con gestos y ejecutar órdenes que a mí me asombraron en primer lugar. Ella me ayudó a descubrir un nuevo mundo y a partir de eso decidí que me desarrollaría en este tipo de adiestramiento para mostrar y valorar más a estos animales. No obstante, hemos pasado por períodos de enojo y me ayudó mucho un curso que hice con Jean Francois Pignon, un francés que trabaja haciendo hincapié en el carácter de los caballos. Sirvió a mi propio carácter, aprendí a controlarme y a mostrarme con ella en actitudes más cordiales, nuestra relación mejoró y maduró muchísimo.

Los libros de autoría de Don Manuel Campos, donde volcaba sus conceptos principales, eran un material de lectura y consulta permanente. Por otra parte, recordaba sus charlas, sus consejos, sus enseñanzas que, muchas veces, mientras cabalgaba por horas venían a su mente como si le estuviera hablando a ella.

Escúchame con atención Ailín. Piensa en Piuké como una obra de arte. Tú comenzaste, cual una artista, con un lienzo en blanco y has ido plasmando en él tu obra. A veces el lienzo viene con defectos, pero si la base es buena y tu trabajo es bueno el resultado es extraordinario, dotado de calidad y armonía y, lo más importante en esto, es que es tu creación, son tus pinceladas las que irán formando a este animal, lo que implica una gran responsabilidad. Y esto no es ir en contra de su personalidad, que la tendrá y la conservará, pero tú la irás orientando, manteniendo y potenciando su estado atlético, sin sometimiento ni riesgos de hiperflexión, lograrás generar una monta equilibrada y confiada, alguien que además te apreciará, una compañera.

Y si bien la haces a tu imagen y semejanza, ella también, en parte te construye a ti y tú te adaptas a ella como ella a ti.

Ailín recordaba que Don Manuel Campos era muy enfático cuando presentaba sus cursos acerca del objetivo de los mismos, y participaba en ello a "Junior", su hijo y a quienes lo ayudaban en su escuela en California. Su meta principal era imponer un nuevo enfoque en el adiestramiento y amanse, cualquiera sea la disciplina ecuestre a la que se destine el animal. Sustituir el sometimiento y la dominación por la vinculación, la comunicación, el entendimiento y el ánimo de asociación. Dejar de ver al caballo como un sirviente una herramienta y comenzar a verlo como un socio y compañero. Sin que eso signifique dejar de enseñar, o no tener disciplina y método, pero respetando la dignidad del caballo, consciente de su naturaleza y atender a ella, propiciando un vínculo positivo y construyendo una forma de comunicación efectiva, con paciencia y tolerancia. Instaba a dejar de lado los métodos rudimentarios y anacrónicos de la tradición que han llevado a demasiados malos ejemplos en que un mal amanse encamina al miedo y a la inseguridad, e incluso a la rebeldía y a la antipatía. Afirmaba que ni jinete ni animal terminaban disfrutando de su mutua compañía.

"Rienda es Rienda" fue bien heredada y sus enseñanzas cayeron en campo fértil y el estilo es aplicado no sólo en Piuké, sino en todos sus otros caballos.

En Patagonia, Piuké respondía muy bien en las carreras de *endurance*. Y si bien seguía siendo intolerante con sus congéneros competidores, se fue amoldando, terminaba en los primeros puestos y reducía las pulsaciones con facilidad. Pero la FEI (Federación Ecuestre Internacional) estableció una nueva norma que exigía que montura y jinete debían exceder los 75 kgs. Tanto Ailín como Piuké estuvieron en desacuerdo en agregar peso a la montura y eso les llevó a abandonar la competencia.

Muchos seguidores de las redes sociales le pedían a Ailín que les enseñara a cabalgar, a vincularse con los caballos, a su cuidado y mantenimiento. Que mostrara videos y fotografías. Terminar con las carreras fue entonces la motivación para ingresar en el mundo de la enseñanza.

Aún así, Ailín temía dar clases. Temía no saber transmitir lo que ella sentía, temía no tener la paciencia suficiente, que sus caballos no respondieran, y que la responsabilidad la superara. Pero hubo dos cosas que la decidieron.

La primera de ellas fue la disposición de Piuké, quien en unas pruebas asumió de inmediato su nuevo papel y compromiso. Lejos de mostrarse hostil o inquieta, incorporó una conducta de absoluta tranquilidad que infundía confianza en los chicos que se le acercaban. Ella les permitía que la toquen, la peinen y la monten con tranquilidad.

La segunda de ellas fue la aparición de una nena de nueve años, plena de encanto y con un amor y pasión por los caballos que le recordaron su propia niñez. Cata Piñeyro, acompañada de su familia, apareció en la chacra un día de primavera irradiando felicidad por la oportunidad de cercanía al grupo de caballos que siempre había mirado de lejos.

Montó en Piuké y Cata despertó a un nuevo mundo. Seguía las órdenes de su instructora con aplicación, sin miedo, con naturalidad, soltura y alegría lo que no sólo redundó en un rápido progreso, sino que fue atrapada a un nuevo estilo de vida.

La niña no faltaba un solo día y, luego de las clases almorzaban milanesas con puré y se quedaba en las tardes ayudando a su maestra en todas las actividades normales de un centro ecuestre, que implica el cuidado, entrenamiento y alimentación de estos animales.

Pero Cata era una eximia esquiadora, y ya en su corta edad participaba de competencias internacionales, y ello la obligaba a largas ausencias en el país, pero apenas volvía se volcaba con ahínco a esa actividad ecuestre que tanto había extrañado. Las cabalgatas de paseo por las chacras, el aprendizaje de nuevas disciplinas en actividad de riendas, paso de tambores, salto, pruebas de *endurance* y otras que surgían de la mente fértil de ambas en esa actividad que compartía con Ailín, como deslizarse sobre una lona tirada por uno de los caballos imitando una práctica gaucha que consiste en arrastrar a una persona sobre un cuero atado a la cincha de un caballo y hacer competencias de velocidad.

A pesar de la diferencia de edad se hicieron grandes amigas y Ailín encontró en Cata una personita que compartía genuinamente su pasión, que la acompañaba muchas horas de su vida, hablando por horas de caballos y de sus vivencias, y ambas sentían que se enriquecían mutuamente. Para Cata, Ailín era una hermana mayor que la guiaba en muchos aspectos de su vida y para Ailín era una suerte de hermana menor o casi una hija que reemplazaba lo que nunca tuvo y le daba la oportunidad de volcar su amor y enseñanzas.

Cata cabalgaba en todos los caballos de Ailín, pero también tuvo su propia monta, un hermoso alazán de raza angloárabe llamado Fuego, que conquistó su corazón. Pero la tragedia se interpuso, Fuego y Patagonia Picasso, el favorito de Mariano, murieron por la ingesta de pasto envenenado con un tóxico presente en un fardo proveniente del Valle del Río Negro, lo que fue un duro golpe del que nunca pudo recuperarse del todo. Fue un hecho traumático, y si bien Fuego murió prácticamente en el acto, Picasso tuvo una dura agonía que obligó a su sacrificio.

Cata pasó mucho tiempo llorando abrazada a su caballo muerto sin aceptar la realidad que estaba viviendo. Para morigerar el dolor lo imaginaba en un hermoso lugar, lo enterraron sin herraduras, colocaron un cartel con su nombre y plantaron unos árboles en las tumbas de los dos caballos.

Luego de ese terrible incidente, pasó bastante tiempo antes de que Cata volviera a montar. Pero los años transcurrieron y la calidad de la relación entre las dos amigas no sólo no menguaba, sino que se fue consolidando y fortaleciendo. Tero todo ello fue interrumpido de golpe a partir de nuestra mudanza desde la Patagonia, una decisión tomada sin tiempo, imprevista, en la que ninguno de nosotros estábamos preparados, pero que fue obligada por una situación de enfermedad, de fuerza mayor, y estuvimos obligados a asumirla a pesar de los costos. Tanto Cata como Ailín consideraron esta separación como una enorme pérdida.

Cata escribió " ... *el día que Ailín me dijo que había decidido irse, una parte de mi corazón se rompió. El saber que iba a perder una de las personas que más amaba en el mundo me quebró. Con el tiempo fuimos aprendiendo cómo seguir nuestra hermosa relación, con videollamadas. Yo era muy chica y había cosas que tal vez no las entendía, Ailín era una de las personas más importantes que tenía y saber que nuestras vidas se iban a separar fue difícil, me costó mucho asimilarlo. Pero siempre la apoyé en sus decisiones y hoy verla tan feliz, verla alcanzar sus sueños y ser una mujer hermosa es más que suficiente para saber que fue la mejor decisión del mundo.*

Crecimos juntas, aprendimos muchas cosas la una de la otra, y es una amistad que toda mi vida voy a agradecer. Ella para mi fue como una hermana, un apoyo incondicional. Fue de esas personas que te marcan para siempre y nunca vas a olvidar, constantemente alguna anécdota se te ocurre y vuelve a estar presente.

Está en mi día a día, constantemente recuerdo nuestras anécdotas divertidas y una sonrisa se me dibuja en la cara, siempre la una para la otra. En el momento era muy duro saber que se terminaban nuestras charlas a caballo y meriendas riquísimas, pero con el tiempo verla a Ailín tan feliz en su nuevo hogar y llegando a ser y hacer todo lo que ella siempre quiso, me hizo muy feliz.

Cata y Ailín, fuera de las clases, empezaron a participar en las fiestas gauchas, y tal como comentaba Manuel Campos sobre Méjico, estos eventos estaban dominados por la presencia masculina. Las mujeres participaban muy poco de las actividades de riendas, tambores, sortija y otras.

Entre muchos otros, dos alumnos se destacaron por el entusiasmo, habilidades y aplicación. Teo y Eloy fueron una parte muy importante, no sólo en esa pequeña escuela de equitación, sino en la vida de Ailín. Tanto es así que la visitan en Lobos con cierta frecuencia. Al igual que Cata, son esquiadores que participan en competencias y cuando tienen oportunidad de paso para algún destino en Europa, o al regresar, hacen un hueco de tiempo para pasar a visitarla y disfrutar de algunas cabalgatas en el campo, rememorando otros tiempos en El Bolsón.

En una oportunidad, ambos se ofrecieron en colaborar con Ailín para extraer los últimos caballos de Cholila, una vez definida la venta de nuestro lugar, pero poco antes de ir, Eloy tuvo un grave accidente esquiando. A altísima velocidad chocó con una elevación de nieve que obligó a la extirpación de parte de uno de sus riñones, tal fue la violencia del golpe.

Junto a Piuké, y sin proponérselo, Ailín se vio envuelta en una lucha de género, que no es inherente sólo a esta actividad. Pero su presencia, dominio sobre el caballo, y demostraciones de habilidad fueron rescatando la imagen de las amazonas, esas mujeres que, según la mitología griega, cabalgaban en las guerras conducidas por su reina Hipólita.

Las imágenes de la tradición siempre mostraron al gaucho montado y su compañera alcanzándole un mate cuando se despedían. Y lo que primó, sorprendentemente, no fue el rechazo. Hubo mayormente sorpresa y curiosidad. Los gauchos, especialmente los más viejos, se asombraban con las proezas de Piuké y el control que Ailín tenía sobre ella, muchas veces cabalgando sin riendas. Comenzaron a apreciar y a entender que había otra forma de conectarse con los caballos, y que éstos respondían sin necesidad de ejercer dominio y rudeza. Sin espuelas y sin rebenque. Muchos comenzaron a seguirla en las redes y a partir de ahí, Ailín sintió que cargaba con una nueva responsabilidad.

Cuando hicicimos la mudanza desde Patagonia, nuestro nuevo destino fue Lobos, una localidad de la provincia de Buenos Aires. Un nuevo lugar donde faltan las montañas y agua dulce pura producto del derretimiento de glaciares, pero muy amigable desde lo climático y la disposición de pasturas. Los caballos viajaron en un camión, a excepción de Piuké y Pampa que viajaron en un carro traccionado por la camioneta de Mariano y Ailín.

Hoy Piuké vive junto a la tropilla en este nuevo campo. Al igual que los demás aprendió a tomar el agua salobre, a defenderse de los mosquitos, del calor y poco a poco comenzó a ser evidente que disfrutaba del espacio para correr, y a crecer en nuevos niveles en su entrenamiento, junto a sus compañeros Arabito, Safiya y Anisa.

Lobos es una localidad donde el ecuestrismo, a partir del polo, es una actividad que está muy presente. Cada fin de semana hay algún evento ligado a ello en el lugar o en las ciudades cercanas, y para experimentados jinetes y conocedores del mundo del caballo, lo que Ailín hace es muy valorado. La invitan a hacer exhibiciones en distintos eventos. En ellos, Ailín se abstrae del mundo que la rodea, se entrega al disfrute de esa danza y la magia aparece. Nunca deja de emocionar, y muchas lágrimas se hacen presentes, especialmente en aquellos que aman intensamente a estos animales.

SAFIYA

Princesa árabe

Safiya estaba nerviosa y asustada. La habían maneado y atado sus extremidades para tirarla al suelo. Cerca suyo había una hoguera y un hierro se estaba calentando. Ailín compartía y percibía ese sentimiento y le preguntó al hombre que dirigía toda la operación: - ¿Estás seguro de que hay que hacer esto?. Éste la miró con condescendencia y, desde una posición de maestro en las cosas del campo, le respondió. - ¿Y cómo te parece que podés demostrar que la yegua es tuya? Cualquiera puede agarrar un animal orejano, ponerle su marca y apropiársela. Esta es la manera. Lo hacemos con las vacas y los caballos. Vos sos muy nueva en esto y tenés mucho que aprender.

-Pero mi yegua tiene libreta, se describen los colores, su posición, es más, la llamaban Bianca por tener una mano blanca. Debería bastar. - Insistió Ailín.

El gaucho aparentó tener colmada su paciencia, aunque en realidad disfrutaba de lo que él consideraba una debilidad pueblerina. Y aprovechando que había un auditorio conformado por otros que pensaban como él y que lo ayudaban en la maniobra, intentaba dejar clara su posición de liderazgo. Era ésta una buena oportunidad para dar una lección y, apoyado en burlas y chanzas, le explicaba a Ailín que el caballo apenas sentía el dolor, que todos los animales que veía alrededor estaban marcados y que sin esta marca serían fácil objeto de robo y apropiación.

-¿Cómo no le va a doler?- Ailín era inexperta, pero desde muy chica leía todo lo que estaba a su alcance en materia equina y estaba informada. - ¡Si se posa un tábano en sus cuartos traseros, el animal lo siente! ¡Eso indica que tienen mucha sensibilidad!

Ante lo sólido del argumento, los hombres de campo le dijeron que si la situación no le gustaba que se fuera, que los dejara trabajar tranquilos, que eso era cosa de hombres que sabían lo que hacían y no admitían cuestionamientos a su tarea por parte de una chica que aparecía con ese tipo de sensiblerías.

La marca con hierro candente es un antiguo método aún muy utilizado para la identificación del ganado vacuno. Para el ganadero es un evento importante, ya que es el momento en que se evalúa el crecimiento de la población de cría. Se suele hacer una suerte de fiesta, con un gran asado, a la que se invita especialmente a los vecinos, para que éstos no sólo ayuden y participen en la actividad, sino que además puedan comprobar que los animales objeto de marcado son, efectivamente, de propiedad de quien está poniendo el sello. Para el caso de la identificación de caballos, si bien los pelajes son mucho más variados, no es un sistema seguro y se presta a la subjetividad.

Pero Ailín tenía razón cuando presentaba objeciones basadas en el dolor inducido. Muchos caballos, presos de una fuerte tensión nerviosa pueden lastimarse al intentar liberarse o provocar un accidente si no están bien inmovilizados. A ello se le agrega el trauma provocado y que siempre llevarán presente debido a su increíble memoria. Aún después de muchos años, Safiya se resistía a recostarse, recordando ese mal momento y su entrenadora debió lidiar con ello hasta que recuperó su confianza.

El marcado en caliente se sigue usando debido a su bajo costo y como método seguro de identificación. Pero la necesidad de reducir el sufrimiento y evitar un daño estético, especialmente en animales de exposición, llevó a buscar métodos alternativos como el marcado por frío o criomarcado, utilizando las mismas herramientas de hierro, pero bajando su temperatura con nitrógeno líquido a unos -200 grados centígrados, lo que produce un resultado similar al método en caliente, ya que anula las células pigmentarias, dando a la marca un color blanco. Menos traumático, con menos dolor, pero casi igualmente visible, excepto en los tordillos o caballos de pelaje claro. También se buscó hacer tatuajes indelebles en partes poco visibles del cuerpo, como el labio superior, adoptando este método en los criaderos de caballos de carrera.

Pero lo más usado hoy, exigido como requisito indispensable de traslado, es la identificación electrónica. El avance tecnológico aplicado a través del desarrollo de un microchip que es insertado bajo la piel, invisible, aséptico, de rápida y fácil colocación, no sólo resolvió el problema del dolor y la estética, sino que simplificó y agilizó las tareas de identificación.

Por otro lado, al ser encapsulado por el organismo, no permite su reutilización o cambio y brinda mayor seguridad. La lectura se hace a través de un scanner o lector que no sólo reconoce la identidad, sino que permite rescatar otra información agregada como el nombre del criadero o hacer seguimientos de desarrollo, planes de sanidad, inscripción en seguros y, en términos generales, una sistematización de las bases de datos equinas. Pero todo esto era ajeno al conocimiento de los involucrados en la tarea de marcación de Safiya.

Ailín no se movió y tomó la cabeza de su yegua. Sentía que ésta iba a sufrir y era su deber acompañarla, aunque le incomodara a los marcadores. El gaucho tomó el hierro caliente, que presentaba un temible color rojo, se acercó a Safiya y se lo aplicó sin ningún tipo de vacilación en el cuarto trasero. El olor a pelo quemado, las contracciones musculares del animal al contacto con el metal candente, y los ojos desmesuradamente abiertos en una expresión de dolor, llevaron a Ailín a tomar en ese momento la decisión de que ninguno de sus caballos sería sometido jamás a una situación similar. Si tenían que ser orejanos de por vida, pues que lo fueran. Ella los iba a cuidar de tal manera que nunca necesitaría demostrar su pertenencia.

Safiya fue la primera yegua árabe que tuvo Ailín, y significó un sueño cumplido. Ailín y Silvia, su mamá, siempre estuvieron fascinadas con la belleza y perfección de esta raza. Más de una vez hicieron el largo viaje desde la Patagonia a Buenos Aires con el sólo motivo de visitar la Expo "Nuestros Caballos" en la Sociedad Rural Argentina, para admirar los ejemplares que allí se exhibían y fantasear con que uno de estos animales alguna vez pudiera galopar por el valle de Cholila, junto a Pampa y Piuké. Llegó de la mano de Luis Oller, un amigo de mi ambiente aeronáutico, criador de esta raza, actividad que estaba discontinuando y vio en Cholila y en Ailín un buen destino para una de sus yeguas objeto de cría y no dudó en obsequiarla.

Safiya comenzó a entrenar para las competencias de *endurance*. Su raza es muy utilizada en esta disciplina merced a sus tremendas aptitudes de fortaleza física, resistencia, velocidad e inteligencia. Pero Safi era mucho más que un animal de competencia. Verla correr por el campo, mostrando en plenitud la esbeltez y elegancia de su figura, con su cola levantada y su cabeza refinada, que le daban un aspecto majestuoso y distinguido, e intercambiar miradas con esos ojos dulces y expresivos, llenaba el alma. Y esto ayudó mucho a Ailín en un drama emocional que hubo de vivir y superar en un momento de su vida. Safiya fue su refugio, fue su ayuda y el entrenamiento, su terapia.

Esta raza está caracterizada por su fogosidad y temperamento, en el grupo de los considerados de "sangre caliente" y si bien Safiya es poseedora de un fuerte carácter, siempre fue una yegua dócil, obediente y sobre todo exhibió siempre una bondad destacable, con la gente, con otros caballos, con los perros y particularmente con Ailín, a quien adoptó inmediatamente como su guía y líder, disfrutando su compañía y afanándose en retribuir el cariño recibido.

Cuando Ailín y Mariano se casaron, se organizó una "ceremonia ecuestre" sobre el campo de aterrizaje del lago Cholila. En el medio de la pista se ubicó la jueza de paz con su escritorio y actas para firmar. En una cabecera nos ubicamos el padre de la novia, que debía "entregarla" al novio y los padrinos de Ailín. Cada uno montado en un caballo y vestido a la usanza gauchesca. En el otro extremo, junto al lago, estaba Mariano, con sus padrinos, ataviados de la misma manera. Cuando empezara la música de "Bonanza", nos debíamos acercar y encontrarnos frente al juez de paz y comenzar la ceremonia.

Safi fue ornamentada de acuerdo al acontecimiento. Fue peinada y su crin y cola adornadas con flores. A todas luces se sentía bastante incómoda y apenas comenzamos a transitar fue evidente que quería correr, y todos los demás caballos acompañarla. Por suerte Ailín tenía mucho control sobre ella y a paso contenido nos fuimos arrimando al centro de la pista.

Mientras tanto, Mariano y sus amigos, entretenidos en el lago, sacando fotos en ese bellísimo marco y dejando que los caballos chapotearan en la orilla, no escucharon la música, y toda la coordinación planificada desde hacía varios días falló.

Esto no empañó el evento, más bien le otorgó una informalidad bien apreciada. Y apenas los jinetes del lago vieron que el otro grupo había llegado, aparecieron en un trote y a los gritos.

Finalmente, la unión se formalizó en un documento e inmediatamente se pasó a los festejos cerrando un día perfecto.

Ailín lució un vestido de novia diseñado por Fernanda, quien luego sería su mejor amiga. Un verdadero desafío a su habilidad y prueba en su profesión en la alta costura, ya que no sólo debía capturar la esencia de la personalidad de la novia, sino que además, requería adaptarlo a esa particular ceremonia en que quien se desposaría era una jineta que llegaría montada en su yegua.

Es preciso mencionar en este lugar del libro, que Fernanda y Ailín son un ejemplo de amistad verdaderamente especial y sólida, que ha trascendido el tiempo y la distancia. Muchos años después, una dura circunstancia las separó geográficamente, pero ellas mantuvieron su fuerte vínculo y siempre encuentran la manera de apoyarse mutuamente en sus respectivas carreras y la vida en general, saben que pueden contar la una con la otra, ya sea para asistirse en los momentos difíciles o para celebrar sus éxitos, en la convicción de que los lazos verdaderos pueden superar cualquier obstáculo.

Casi todo el vestuario de Ailín para la presentación de sus espectáculos es producido y diseñado por Fernanda, quien se siente más cerca de su amiga al hacerlo, por su parte Ailín percibe lo mismo al colocarse una prenda confeccionada por Fernanda.

Y cada vez que pueden hacer un alto en sus respectivas actividades, ambas se organizan para visitarse. La amistad es una fuerza realmente poderosa.

Cuando Safiya comenzó a participar de las carreras, como era de esperar, desempeñó un muy buen papel. Pero en el contexto de estas competencias, una situación inesperada torció el rumbo de su destino.

La yeguita siempre siempre quería correr. En esa oportunidad, hacía varias horas que alternaba trote, galope y paso acelerado. Ya estaba llegando a la meta y, como si lo supiera, le transmitía a su jineta que ansiaba hacer ese último tramo utilizando la energía que le sobraba. Pero Ailín la frenaba. Como si la yegua pudiera entenderla le habló con voz calma, tranquilizándola. Estaban sobrados en el primer lugar y se podían permitir llegar a un ritmo suave. Pero su acervo árabe de pura cepa la empujaba. Safi ya había demostrado en competencias anteriores que, si entraba tranquila al "vet check", sus pulsaciones, utilizadas como indicador de la agitación del animal, bajarían a los niveles deseados. Pero la tentación de llegar con margen sobre los demás, y no dejar dudas de su ventaja, era muy grande. Ailín aflojó apenas un poco las riendas, y esto fue suficiente para que Safiya ingresara en un entusiasta galope.

Estas eran pruebas bastante exigentes, en las que no sólo jugaban la velocidad, también la resistencia física y psicológica, tanto del caballo como del jinete, en pistas diversas, configuradas en distintos terrenos, pendientes, obstáculos y superficies.

La mala fortuna, un pozo o la ansiedad por llegar y cubrir la última etapa, se combinaron para que se resintiera una mano y nunca se pudo recuperar totalmente. Tuvo que ser desafectada de la actividad de *endurance*, pero pasó a cumplir un rol mucho más importante. Primero como madre de dos hermosas crías, Ámbar, hija de un padrillo árabe y Rubí, hija de un percherón, heredando lo mejor de ambas razas. Luego, debido a su inteligencia y carácter, comenzó a aprender trucos extremadamente complejos que llevaron a Ailín a entrenarla en una modalidad en crecimiento llamada "Adiestramiento en Libertad", que muestra las cualidades ocultas, o no aprovechadas en estos animales, como su inteligencia y capacidad de comunicación, en las que se desestiman totalmente los métodos violentos.

Safiya, junto a Piuké y Arabito, pasaron a formar un grupo que, a modo de show, muestran las posibilidades y habilidades de estos animales y, en una casi inexplicable forma de comunicación con su entrenadora, aprenden trucos que emocionan y demuestran que la tradicional relación que unen a jinete y cabalgadura, menospreciando al animal y su capacidad de aprendizaje, ya no deberían tener lugar.

En la edición de "Nuestros Caballos" Expo 2023, en la Sociedad Rural Argentina, Ailín y sus caballos fueron invitados a exhibir desde la arena central, esta modalidad.

Este es el mayor escenario de todas las razas de Argentina, con participación de los criadores más importantes del país y cita ineludible para todos los protagonistas de la industria ecuestre y los amantes de este hermoso animal.

Hubo que sortear enormes dificultades en lo que implica ir a la ciudad de Buenos Aires el día anterior a la demostración, el alojamiento de los caballos, el nerviosismo de estar en un sitio nuevo, con mucha gente circulando, con mucho ruido y una fuerte música permanente en los grandes parlantes, inexplicable en un ámbito donde los protagonistas de fuerte presencia en el lugar tienen oídos tan sensibles.

Pero tanto Safi, como Piuké y Arabito estuvieron a la altura de la circunstancia. Ingresaron en la pista e inmediatamente cautivaron, de la mano guiadora de Ailín, a un público que, hasta ese momento, no entendía claramente de qué se trataba este ítem en el programa de La Sociedad Rural.

Cintia Zapico, fotógrafa especializada en caballos, con una larga experiencia en este tipo de eventos y asignada a documentar con imágenes cada instancia de la Expo, apuntaba con su cámara al grupo y cada tanto debía suspender su tarea para enjugarse las lágrimas que le brotaban espontáneamente por la emoción que le producía lo que estaba captando a través de la lente.

Y mucho del público transitaba por el mismo estado emocional, en un ámbito que convoca a tantos amantes de estos animales, se extasiaban de poder apreciar, en vivo, cómo Ailín y sus caballos se comunicaban, en un marco de amor, afecto entre ellos, obediencia y exhibición de una enorme inteligencia oculta por la tradición.

ANISA
Buena compañera

La joven yegua árabe había llegado hacía poco a Cholila. Luego de un corto período de aclimatación fue enviada a Trevelin para su amanse y había retornado para alegría de Silvia, la mamá de Ailín, que era la feliz adquirente de este bello animal de una raza que ambas admiraban y que particularmente Silvia había anhelado tener desde muy joven.

De pelaje alazán tostada, cabeza con ojos grandes y expresivos que ponía en evidencia de inmediato su inteligencia, fue llamada Anisa, que significa "buena compañera" en el lugar de origen de la raza en la península asiática. A partir de su regreso fue objeto de todo el afecto que era posible recibir y a modo de una gran mascota, se acercaba a nuestra casa para recibir caricias, algún jarrito con avena y dejarse abrazar.

Ailín vivía en El Bolsón y estaba preocupada por este exceso de mimos y nulo uso. Durante varios meses Anisa había sido enseñada con diligencia y método en el uso de las riendas, andar con un jinete encima largos trechos y cierta disciplina propia del amanse. Pero llegó a Cholila y luego de algunos pocos paseos, comenzó a disfrutar de un trato de gran mascota más que animal de silla.

Por ello, en una visita, le colocó una montura y luego de hacerla caminar un rato, la montó con cierta cautela. Por unos minutos, Anisa pareció aceptar, con cierta resignación, que volvía al trabajo para el que había sido formada, pero de repente sus músculos comenzaron a tensarse y Ailín sentada en su lomo lo percibió y se preparó para lo que se venía. Al instante siguiente estaba volando por el aire, y gracias a su entrenamiento, cayó de la mejor manera posible en el suelo cubierto de césped.

Para preocupación de Silvia, quien estaba horrorizada por la reacción de su regalona, a su hija la caída no la amilanó en absoluto, sino que le hizo surgir un enojo tal que Anisa pudo interpretar claramente. La hizo caminar otro poco, la acercó a un desnivel y de un salto estuvo nuevamente montada y, anticipándose a una nueva reacción similar, la hizo dar varias vueltas y luego la sacó a correr, a cruzar el arroyo Pedregoso varias veces y galopar por el camino junto al río Carrileufu hasta que Anisa entendió de forma contundente que no tenía que repetir esa acción.

Con el tiempo, Anisa comenzó a hacer honor a su nombre, la montaran o no, y ese incidente no menoscabó su imagen. Más de una vez Silvia la veía correr sobre la pradera al atardecer, cuando se ponía activa, contrastando contra el gran espejo de agua, con el cuello arqueado en una expresión de gracia, fuerza y elegancia. Disfrutaba de la perfección de ese suave galope flotado y la cola bien levantada sobre sus cuartos traseros, típico por la inserción más alta en esta raza. Durante mucho tiempo había usado y montado caballos de trabajo que, si bien respondían razonablemente bien a la necesidad de trasladarse y no tenían mayores problemas para transitar los senderos de montaña, estaban llenos de mañas y no disfrutaban de la compañía del ser humano, a diferencia de Anisa.

Silvia es bióloga y toda su vida profesional estuvo dedicada a la investigación y estudio para la mejor gestión de los recursos naturales, diseñando, ejecutando y evaluando programas en el estudio de seres vivos y aplicando el método científico para el procesamiento de la información. Firme defensora de la biodiversidad, apasionada en la protección del ambiente y de la conservación de las especies nativas, su visión del mundo, su análisis del entorno, su manera de pensar y sentir ante las diferentes situaciones de la vida responde a esta formación. Y mirando a Anisa, como una perfecta pieza en este entorno, un bello componente inserto en el hermoso paisaje de Cholila, imaginaba lo que habría sido varios miles de años atrás, cuando pequeños paleocaballos retozaban en el ambiente patagónico o corrían escapando de un tigre Dientes de Sable.

Originados en América del Norte, esos primeros caballos habían sido parte de la fauna nativa. Imperaba en aquella época un clima tropical, selvático, pero en uno de esos cambios climáticos del devenir del mundo, las temperaturas comenzaron a bajar, se elevaron montañas y los bosques tropicales se retrajeron, apareciendo extensos pastizales. Haciendo gala de una gran capacidad adaptativa, fueron modificando su forma, especialmente en lo que hace a su sistema de alimentación, a efectos de poder consumir pastos más duros, aunque más abundantes, perfeccionando su dentadura con piezas más grandes y otros ajustes biológicos como incorporar bacterias a su sistema digestivo para permitir la asimilación de la celulosa.

Llegada la última glaciación, los mares bajaron de nivel y se constituyó un puente seco entre Asia y América en la zona de Beringia, que permitió su expansión y refugio.

A poco de comenzar el poblamiento humano en América, los caballos desaparecieron, probablemente por la caza excesiva, mientras que en Asia y Europa sobrevivieron y a través de la domesticación fueron elementos importantes que acompañaron el desarrollo y la expansión antrópica.

Volvieron a América del Norte con los vikingos, aunque se establecieron a partir de la llegada de los conquistadores españoles, seguido de ingleses y franceses. Los animales fueron prontamente adoptados por los pueblos originarios y se transformaron en una gran herramienta de ayuda en el traslado, la caza de bisontes y aún en la guerra contra el colono.

En América del sur sucedió algo similar. Los primeros caballos llegaron con la expedición de Pedro de Mendoza, fundador de Buenos Aires. Cuando Mendoza abandonó la ciudad por el acoso de las tribus indígenas, dejó muchos de los caballos que habían viajado con él y que se reprodujeron rápidamente, gracias al clima propicio y los extensos pastizales de la llanura pampeana, formando enormes manadas salvajes que dieron lugar a la raza criolla tras una selección natural. Muchos fueron adoptados y amansados por los nativos y gauchos que hicieron gran uso del caballo y su posesión era un símbolo de libertad, prestigio y subsistencia.

En la actualidad, Argentina cuenta con establecimientos que conservan la genética de numerosas razas de sangre fría como caliente, utilizadas tanto para el deporte, las actividades rurales como las exhibiciones.

Así, la idea inicial al traerla a Cholila para cumplir un sueño de poseer una obra de arte en movimiento se enfrentó con la realidad. Se había invertido tiempo en enseñarle a ser animal de monta, con buen trato, pero instruyéndola para soportar un jinete, responder a las riendas y a comandos de piernas. Por otro lado, la falta de uso y la facilidad para engordar de Anisa ponía en riesgo su salud. Ailín se dio cuenta que estaba siendo desaprovechada en ese sentido, y por otra parte no estaba formando parte de una tropilla por lo que se la llevó a El Bolsón con el consentimiento de su madre. De inmediato Anisa se encontró con su hermana Safiya, a quien realmente extrañaba y se hicieron inseparables.

Fue unida al grupo de adiestramiento y respondió enseguida, en actitud armónica con los demás caballos, excepto Piuké, que pretendía siempre imponerse sobre los demás. No le resultó fácil con Anisa, y aún hoy hay cierta intolerancia, que se evidencia al juntarlas en el corral o el carro de traslado, en donde ambas exhiben su molestia.

Con el tiempo fue cruzada con un padrillo percherón, ya que muchos videos mostraban que de la cruza se obtenían extraordinarios caballos que reunían lo mejor de ambas razas. Su hija, Anny, resultó una yegua que, sin ser pequeña, tenía un aspecto retacón merced a su fornido gran cuerpo, sin la sangre caliente de Anisa, muy mansa, tranquila y de mirada dulce. Si bien en el conjunto no se apreciaban a simple vista las características de ambas razas, mientras se desarrollaba, los gauchos de la zona fueron cautivados por su aspecto. La llamaban "la Tosquita", y muchos la querían comprar. Se la imaginaban empujando o sosteniendo con un lazo a las vacas rebeldes. Era exactamente el tipo de caballo que ellos prefieren y que les funciona mejor como herramienta de trabajo. Pero Anny no estaba en venta.

Cuando hubo que trasladarse a Lobos, ningún caballo de la tropilla quedó en el sur. Anisa y Anny formaron parte del grupo. Vinieron en un camión en un viaje angustiantemente largo, pero ninguno fue afectado por ello y todos se adaptaron a su nuevo hogar.

En Lobos, Anisa tuvo una segunda cría, esta vez con un Cuarto de Milla de ojos claros ¡un verdadero galán!. De ese servicio nació Bailarina, quien superó las expectativas tomando lo mejor de ambas razas. Bailarina, junto con Catriel y Cacique, todos nacidos con muy poca diferencia, todos alazanes de un matiz muy parecido, están destinados a ser el reemplazo generacional de los actuales artistas equinos.

Anisa, junto a su hermana Safiya son presentadas cada semana en la Estancia La Candelaria, alternando con Arabito y Piuké, y en ocasiones todos se juntan y hacen un cuarteto coordinado y armónico, en el que cada uno cumple un rol. Es el grupo que Ailín más quiere y ha trabajado, con el que más ha logrado un entendimiento y coordinación ya que hace mucho tiempo que acompañan como tropilla a su líder.

ARABITO
Energía explosiva

Hacía frío en la cordillera, a pesar de ser verano. Era una de las noches más cortas del año y estaba amaneciendo muy temprano. Ailín se levantó, respiró hondo, desarmó su carpa en silencio y se acercó con sigilo a la tropilla. Todos los caballos se alejaron, a excepción de Arabito, que la estaba esperando como si su huida hubiera sido planeada entre ambos. Lo ensilló con cuidado, cargó los enseres en las maletas, ubicadas sobre la parte posterior de la montura y comenzaron a bajar despacio hacia el valle.

Un grupo de jinetes la había invitado a una excursión sobre el río Foyel, ubicado al norte de El Bolsón. Le habían insistido mucho, pero Ailín prefería ir con Mariano, que por compromisos veterinarios no podía acompañarla. Finalmente cedió a desgano. Pero no se sentía cómoda, dado que percibía una actitud en exceso autoritaria de quien conducía el grupo. Por otra parte, debía volver al día siguiente ya que era fin de año y tenía el compromiso de acompañar a su esposo para brindar por el año nuevo en Cholila junto a sus amigos.

Coordinaron para encontrarse en el comienzo del sendero, para lo cual se trasladó con la camioneta y el carro llevando a Arabito hasta el punto de encuentro. Luego de cinco horas de una penosa cabalgata debido al calor y los tábanos, llegaron a su destino.

Apenas arribaron y mientras armaban el campamento, le notificaron a Ailín que habían cambiado el plan y que se quedarían más de lo previsto. Ante ello les respondió que entonces se volvería sola al día siguiente. Bastó que lo dijera para generar una fuerte reacción en contra, como si de una desobediencia se tratara. "Vinimos juntos y volveremos juntos. Además, una mujer no puede andar sola por estos caminos". Ante el incumplimiento de lo acordado y la indisimulada actitud machista, Ailín ratificó con más fuerza su decisión, aunque pensaron que no se atrevería.

Armó su pequeña carpa y se fue a dormir mientras el resto del grupo se quedó hasta altas horas de la noche junto al fogón. Varias veces sintió que la nombraban y eso hizo crecer su incomodidad y determinación. Había resuelto volver, en tiempo y forma tal como le había prometido a Mariano y nada la detendría.

Mientras se acomodaba en su bolsa de dormir, reflexionaba sobre cierto machismo rural que observaba en su relación con la gente de campo. Por supuesto que no eran todos así, y muchos valoraban a su compañera de vida y la tenían en alta consideración. Pero era bastante común, quizás fomentado por la tradición, de que la mujer y el hombre tenían roles muy definidos y que ésta debía estar bajo cierto sometimiento por parte de aquél que salía al campo a trabajar. Y era un sometimiento asumido. De hecho, muchos gauchos se asombraban cuando veían a Silvia, la mamá de Ailín empuñando una pala, una motosierra o con una mochila por la montaña. Y Ailín había crecido con estos modelos.

Su propia actividad no estuvo exenta de tropiezos con esta ideología, y en más de una ocasión debió vencer el rechazo masculino ante lo que presumían se trataba de una invasión de algo que era privativo y exclusivo de ellos, como el amanse de los caballos, y consideraban que la diferente capacidad física y muscular, en la que los hombres tienen ventaja comparativa, no admitía la participación de la mujer. A Ailín le preocupaba esto.

Durante un tiempo había estado a cargo de un grupo de chicas en un albergue de la escuela agrotécnica de Cholila, sostenido por la Fundación Cruzada Patagónica, y muchas de ellas le confesaban haber vivido algunos de estos dramas, en forma personal o a través de sus madres, y en algunos casos alcanzaba violencia física. Todo ello invisibilizado por la falta de denuncias, o por la aceptación naturalizada de que era una parte de la convivencia a trocar por la soledad. Huir de la violencia machista significaba un reto casi imposible. Y las condiciones que rodean al medio rural lo hacen todavía más complicado. El ambiente conservador, las arraigadas creencias, el difícil acceso a la información, los recursos, un Estado ausente y, casi siempre, la dependencia económica de sus parejas, son los factores determinantes que complican la salida de esas relaciones.

Y si bien en la sociedad actual la fuerza física va perdiendo importancia y, en su lugar, las capacidades intelectuales y las habilidades sociales se han ido imponiendo en términos de igualdad, en muchos lugares el comportamiento sexista en el que se marca una superioridad del hombre por sobre la mujer sigue vigente en varios ámbitos. Y en algunos casos esto es exacerbado por alguna circunstancia, como la que estaba viviendo la mujer en ese entonces.

Arabito sintió que estaba lleno de energía. Ailín lo percibió, le liberó las riendas y éste comenzó a apurar el paso. El camino se prestaba a ello y de repente ambos se vieron envueltos en un rítmico y rápido galope que parecía llevarlos por un túnel de viento cuya brisa los hacía lagrimear. Ailín sentía, cual un centauro, que su cuerpo era el de Arabito, que sus corazones se habían unido y latían al unísono. Desde el primer tramo en el que ya se habían distanciado un tanto del campamento, ambos fueron invadidos por una tremenda felicidad y liberación.

El sendero serpenteaba a través de la fronda entre los coihues, árboles de gran porte sobre cuyo dosel de hojas se filtraba el sol del amanecer, creando un juego de sombras y destellos dorados que se reflejaban y ampliaban en bloques de bruma, creando un escenario mágico que se extendía por delante mientras avanzaban. Desde la profundidad del bosque, éste les entregaba sus secretos, a través del aire impregnado de una mezcla de aromas naturales, que a esa hora de la mañana se percibían claramente. Cada bocanada de aire llenaba sus pulmones con una sensación embriagadora de renovación y vitalidad. Todos los sentidos se habían afinado y tomaban parte en este juego.

Los pájaros despertaron con los primeros rayos del sol brindando una fuerte algarabía. De improviso una familia de ciervos emergió entre los árboles y comenzó a acompañarlos en una parte del camino. Las majestuosas criaturas, exhibiendo sus cuerpos gráciles y elegantes, se deslizaban a la par sin mostrar temor, observándolos con ojos curiosos y aportando una sensación de serenidad. Luego de dotar al marco de una irrealidad de cuento y de escenario encantado, se internaron nuevamente en el bosque, desapareciendo en silencio, tal como se habían presentado.

El bosque patagónico es un ámbito amigable para quien tiene la capacidad de apreciarlo. Sólo está presente en la cordillera, donde los vientos del océano Pacífico, cargados de humedad chocan con la cadena de los Andes, elevándose en una corriente dinámica y, al alcanzar bajas temperaturas debido a la altura, condensan su humedad precipitando en forma de nieve o lluvia según la época del año. Ello da lugar, en el oeste, a una suerte de selva llamada Bosque Valdiviano, con una importante diversidad de especies que protegen las laderas de la escorrentía, obligando al agua a infiltrarse en el suelo, e impidiendo que éste sea arrastrado hacia la baja cuenca, provocando erosión por la pérdida de la cubierta vegetal.

La cordillera de los Andes se extiende de norte a sur y eso determina la dirección en las isoyetas, las curvas que indican los niveles de precipitación y, en la medida que se van acercando a la estepa patagónica, la humedad disminuye hasta niveles muy bajos mostrando un área ecotonal en una transición muy marcada y casi abrupta.

Los primeros colonos vieron en estos bosques una fuente de energía y de madera, y produjeron un daño considerable a partir de la sobre explotación, aún hoy difícil de frenar. Por otro lado, con la intención de generar campos de pastoreo, se desarrolló una práctica de rozado a fuego, que dejó en evidencia, no sólo la fragilidad del ecosistema, sino la importancia ecológica del bosque, como guarda del suelo y de las cuencas, como refugio de animales silvestres y como aporte a la transparencia de las aguas y la belleza paisajística.

Hoy los bosques sufren una fuerte agresión en la forma de incendios forestales. La mayoría de ellos provocados por negligencia o intencionalidad de grupos desaprensivos. Cada año miles de hectáreas son arrasadas por el fuego, destruidas para siempre en la mayoría de los casos, dado que son bosques centenarios, en algunos casos milenarios, con muy pocas posibilidades de recuperación. Todo ello agravado por la falta de planificación, vigilancia y por la baja capacidad para combatir estos incendios.

La cabalgata continuó y, a medida que avanzaban y saltaban troncos y arroyos, se iba fortaleciendo la conexión entre caballo, jinete y la naturaleza plena de vida que los abrazaba.

Lo que hicieron en cinco horas en el viaje de ida, les llevó poco más de una hora regresar. El carro y la camioneta seguían en el sitio tal cual los habían dejado. Cada uno subió al lugar que les correspondía y emprendieron el regreso a casa donde Mariano los esperaba con la confianza y la seguridad de siempre. Ailín volvería en el tiempo que habían acordado.

Ese día tuvo una gran importancia. Marcó un hito en la relación que Ailín tenía con Arabito, al que había desestimado, y en algún momento hasta se había arrepentido de comprarlo. Este descenso a toda velocidad y el vínculo logrado por una situación compartida los conectó y la hizo sentir orgullosa de su caballo.

Cuando lo conoció, su primera imagen fue la de un caballo que se movía nervioso de una punta a la otra del corral, de vez en cuando bufaba y hacía notar su malestar. Era todo energía, y los límites lo ponían peor. Un grupo de personas lo observaba, y él sentía su rechazo. Pertenecían a un centro ecuestre de Esquel que lo habían comprado por su brío y pensaron que podría ser un buen caballo de salto.

Ese día estaba encerrado pues Ailín lo quería observar y eventualmente comprarlo. Había oído de su fortaleza física, de su velocidad y lo quería entrenar para hacer las carreras de *endurance*. Ya había sido probado en estas lides y había ganado. Por otro lado, era hijo del mismo padre que Piuké, el padrillo Ro Kabir, un hermoso árabe utilizado para mejorar la raza. La madre, una yegua apaloosa.

Si bien Ailín lo conocía y hasta lo había montado en una oportunidad, le pareció más feo que entonces. Con una cabeza desproporcionadamente grande, desconfiado y miedoso. Pero ya venía con la decisión tomada. Lo probó y a pesar de que todas esas contras se manifestaron con fuerte evidencia, sintió, apenas lo montó, que cada músculo de su cuerpo emanaba energía, respondía bien a los movimientos de rienda y cambiaba de rumbo a enorme velocidad. No estaba destinado a ser un caballo de paseo, servía a sus propósitos de volver a correr y se aplicaría en entrenarlo a tal efecto.

Mariano la acompañaba y apoyaba en todos estos emprendimientos, aunque no siempre estuviera de acuerdo. Lo cargaron en el carro y lo llevaron a su nuevo destino en El Bolsón.

La primera acción fue ponerle nombre, como un primer paso a su entrenamiento. Ya no era "el alazán", como otros muchos, debía tener identidad para referirse a él, para llamarlo, para enseñarle.

Y comenzó el verdadero adiestramiento. No sólo de Arabito. También de Ailín. Cada vez que salía, parecía que lo hubieran estado cargando de energía toda la noche. Siempre quería correr, pero si volaba una bolsita, se cruzaba un pajarito o una rama se movía con el viento, daba violentos saltos hacia un costado, seguidamente encontraba otra cosa que lo asustaba y saltaba para el lado

contrario con una increíble agilidad como si de una gigantesca liebre se tratara. Ailín tuvo que aprender a ir muy atenta y a reaccionar apenas sentía sobre el lomo una mínima tensión que la preparaba para aferrarse y acompañar el movimiento del caballo. Fue quien la hizo una verdadera jineta. Pero estas actitudes la desalentaban. Ailín pretendía que Arabito se concentrara en el camino y no en lo que estaba a su alrededor. Y no había caso con corregirlo.

Después de un tiempo decidió venderlo, ya que, con cada caballo quería desarrollar una relación de afecto y no parecía conseguirlo con éste. Ella, además de participar en las carreras, pretendía también disfrutar las salidas con su monta. Mientras tanto, lo llevó a una chacra en pensión, ya que el invierno con poco pasto y el escaso lugar en la chacra la limitaban.

Todos los días lo iba a ver. Y apenas aparecía Ailín, Arabito se daba vuelta como ignorándola y le mostraba el trasero, dándole el mensaje de un animal ofendido. Ailín se dio cuenta de que él sí la extrañaba, que sentía que había sido separado de la tropilla, y aún más, el cuidador del lugar lo maltrataba o lo descuidaba. Al ser consciente de esto, inmediatamente decidió llevárselo y hacerle un lugar. El caballo enseguida cambió la actitud, revelando una enorme capacidad de percepción que no había sabido mostrar hasta ahora, y se tornó inmediatamente agradecido y contento. Ailín quitó inmediatamente la publicación de venta y avisó a los compradores que había desistido de venderlo y que se lo quedaría para siempre.

Para ambos fue un punto de inflexión en su relación. Ailín lo dejó de ver como un caballo destinado y entrenado para la competencia y Arabito sintió el cambio de actitud y se inició otro tipo de vínculo.

Comenzaron a salir a largas travesías, aprovechando su resistencia, sus ganas de andar, y subieron montañas, recorrieron ríos casi hasta su nacimiento en Cholila, el Cajón del azul, o a cualquier lugar cercano típicamente patagónico, donde hubiera un sendero para recorrer, un bosque para atravesar o ríos para cruzar. Se metían en los lagos y ambos nadaban en partes profundas, para salir luego a la playa y hacer un galope para secarse. Arabito luego se revolcaba en la arena como si eso completara ese momento de felicidad.

Al día siguiente de esa primera e inolvidable cabalgata, Ailín se levantó temprano para ver cómo estaba Arabito. El relincho amistoso con el que la recibió, su capacidad física intacta y su actitud fraterna, la llenaron de orgullo, lo abrazó y le pidió perdón por no haberlo querido en algún momento.

Con el tiempo Arabito no sólo mostró enormes aptitudes físicas y de velocidad, destacándose en pruebas de riendas como el paso de tambores. También comenzó a mostrar una notable inteligencia y, a medida que iban aprendiendo a comunicarse comenzó a realizar pruebas de sentarse, echarse, el paso español y hacer demostraciones ante un público que siempre lo aplaude.

A los ojos de Ailín también dejó de ser un caballo feo para convertirse en uno de los más lindos de la tropilla.

SAPUCAY
Un caballo de campo

El gran jabalí corría por el bosque dejando hondas huellas en la nieve. El pequeño tamaño de sus pezuñas y su peso dificultaban su avance. Por ello, buscaba las áreas más densas del sotobosque donde los ñires, ahora sin hojas, podrían dificultar el avance de sus perseguidores.

Sapucay, guiado por su jinete, seguía al grupo de perros de caza. Si bien también avanzaba con dificultad estaba acostumbrado a transitar por caminos difíciles, aunque hubiera nieve, barro o el suelo fuera rocoso. No se asustaba de las grandes pendientes y respondía con soltura a las más duras exigencias a la que era sometido en una jornada de caza.

Uno de los perros ya había detectado al jabalí. Era el de más fino olfato, el que utilizaban como buscador en la jauría. Los otros enseguida se dieron cuenta y esperaban expectantes que saliera en su persecución para seguirlo. El mayor de ellos era un dogo argentino, una raza desarrollada específicamente para este tipo de actividad cinegética por un médico cordobés.

El dogo argentino es la única raza creada en el país y reconocida por el American Kennel Club, el registro de perros de raza pura más grande de los EEUU. El principal aportante genético fue el perro de pelea cordobés, un mastín obtenido luego de varios cruzamientos en el que el principal objetivo era obtener un perro de combate.

Pero las peleas de perros, así como las riñas de gallos y otros animales que atraían a gran cantidad de morbosos entusiastas de estas lides se fueron prohibiendo, se buscó desarrollar entonces un perro de presa, un perro de caza para grandes animales, muy musculado, de maxilares fuertes, que conservara el espíritu de lucha, pero a la vez, y a diferencia de los perros de combate, menos pesado y más tolerante a otros perros, permitiendo su uso en grupos. Para ello, se utilizaron líneas de la raza pointer, un perro perdiguero que aportó un mejor olfato, comportamiento más pacífico, agilidad y resistencia. Luego de un largo proceso de cruzamientos y selección, se estableció que 1940 fue el año en que nació la raza.

La caza del jabalí es continuamente justificada por su condición de especie introducida, con alto poder reproductivo, casi absoluta ausencia de predadores y responsable de grandes daños a los cultivos o al bosque nativo, y muchas administraciones de fauna provinciales la fomentan como método de control.

Pero la caza con jauría de perros es relativamente nueva y en gran parte impulsada por la aparición de estos animales de presa, por el crecimiento de los criaderos, y una cada vez mayor organización de cazadores que consolidan esta modalidad.

En el campo es una práctica común, especialmente en la cordillera patagónica, donde la presencia del bosque hace muy difícil la caza con armas de fuego. Por ello, se acude a los perros. Sin embargo, es raro que se armen monterías organizadas. Normalmente el encuentro con los jabalíes es casual, en medio de un arreo o en una recorrida de inspección del campo. No obstante, muchos arrieros o puesteros gustan de ella y prefieren, sobre los perros pastores, los perros del tipo dogo, que utilizan con un doble propósito, como auxiliar en su tarea y como perro "jabalicero".

Esto no oculta lo dramático y cruento de la práctica en sí, en la que se induce a una violenta lucha entre animales. Por un lado, una presa con alta capacidad para defenderse y que resulta peligrosa para sus atacantes, con no pocos muertos o heridos y por otro lado, esos predadores, reunidos en grupo, se aseguran en casi todos los casos el éxito de la caza con la muerte del animal convertido en blanco, luego de un fuerte enfrentamiento.

El papel del cazador sólo es el de remate. Y aunque se requiera mucha valentía y sangre fría, sólo debe hundir un largo cuchillo en el punto justo que permite llegar al corazón de un animal que está totalmente inmovilizado por los perros.

El dogo más viejo presentaba una larga cicatriz en su costado, que revelaba una vieja herida fruto de otro encuentro, cerrada y cosida con la prolijidad permitida en el campo y por la urgencia en evitar que sus intestinos se salieran del cuerpo. Los otros eran mestizos, pero todos hijos de ese gran reproductor, y todos habían heredado el mismo instinto, el placer por la lucha y la ansiedad por matar una vez sumergidos en su fragor.

El perro buscador salió decididamente en una dirección, y entre gemidos de ansiedad y cortos ladridos, todos los demás lo siguieron hasta ponerse sobre el rastro del gran barraco. La caza había comenzado.

No pasó mucho tiempo en el que un gran coro de ladridos y gruñidos reveló la gran lucha que se estaba llevando adelante. El jabalí sintió la proximidad de sus perseguidores y entendió que huir ya no tenía sentido. Se sentó sobre sus cuartos traseros contra una gran roca que protegía su espalda hasta que llegó el primer perro, el perro buscador, el más ágil, el más liviano, que se lanzó imprudentemente y sin dudar intentando morder su cuello. Pero el gran barraco lo esperó con la cabeza gacha y con un fuerte y veloz movimiento lo ensartó con uno de sus largos colmillos penetrando con facilidad su carne y cortando la carótida en un rápido giro.

Los demás perros llegaron enseguida, enardecidos por el olor a sangre y presos de una gran excitación, cerraron un arco en una acción grupal frente al jabalí impidiendo cualquier vía de

Por el tipo de ladridos, el jinete supo claramente que los perros habían "empacado" al jabalí, que habían detenido su avance y los estaba enfrentando. Apuró a Sapucay obligándolo a internarse en el bosque bajo, esquivando troncos caídos y ramas inclinadas por el peso de la nieve imbuido ya por el frenesí de la caza. Al llegar al lugar, los perros envalentonados por su presencia, se lanzaron juntos al ataque y, a pesar de que uno de ellos voló por el aire, consiguieron morderlo en ambos lados del cuello y el costado del cuerpo inmovilizándolo.

El cazador desmontó rápidamente y se ubicó por detrás, protegido por sus perros echó mano de un largo y afilado cuchillo y tomó una de las patas del jabalí. En un rápido movimiento cortó ambos tendones para anular sus miembros traseros y luego se montó sobre él buscando clavarlo detrás de la paleta directo en el corazón.

El jabalí fue restando fuerzas mientras se desangraba hasta entregarse completamente. La lucha había llegado a su fin, algunos perros se liberaron y se fueron a lamer sus heridas, pero los que lo habían tomado del cuello se resistieron a soltarlo y con sus mandíbulas trabadas en el cuerpo muerto se fueron relajando hasta casi quedarse dormidos.

El hombre felicitó a sus animales. Lamentó la pérdida de su perro buscador que yacía en un gran charco de sangre que contrastaba fuerte y trágicamente con el blanco de la nieve aplastada en ese escenario donde se había desarrollado la contienda, pero de inmediato se dispuso a eviscerar la presa. Los días de invierno eran cortos, le quedaba una buena distancia por recorrer y era consciente de la posibilidad de congelamiento si lo atrapaba la noche antes de llegar al puesto, el refugio desde donde vigilaba la hacienda vacuna.

El jabalí pesaba más de 100 kilogramos, y si bien una buena parte de su peso se había perdido al despanzarlo, con dificultad lo puso a lomos de Sapucay, quien obedientemente se había mantenido a cierta distancia, no sin cautela, ya que en situaciones anteriores había visto congéneres heridos en un desesperado escape de los jabalíes entre las panzas de los caballos.

Por ésta y por muchas otras prestaciones, Sapucay era muy valorado por la gente de campo. Era un caballo muy resistente, que controlaba su miedo, muy fuerte, capaz de sostener por mucho tiempo a un novillo enlazado unido a su montura. Y por otro lado era un animal dócil, que respondía al movimiento de riendas y caminador, "muy voluntario y blandito de boca" al decir gauchesco. A diferencia de su hermano, hijo de mismo padre y madre, que nunca pudo ser amansado y fue destinado como "reservado" por el resto de su vida a ser un caballo de jineteada.

Nació en la estancia Nueva Lubecka, en el centro oeste de Chubut, y quizás sus ancestros fueron parte de una dura colonización llevada adelante por un pionero alemán luego de la llamada "Conquista del Desierto". En el reparto de tierras posterior a la dominación nativa, muchos nuevos terratenientes no eran capaces o no tenían recursos para manejar tremendas extensiones de tierra y las vendieron a muy bajo precio. Juan Platte vio una oportunidad en ello y adquirió una de esas superficies, y junto a amigos y familiares amantes de la aventura preparó una gran expedición para llevar una gran cantidad de materiales y animales a ese nuevo lugar. Luego de emprender el viaje, éste resultó tan largo, lento y penoso que debieron soportar un invierno completo que los obligó a realizar un alto de varios meses en la zona de Maquinchao.

A orillas del río Genoa se construyeron las primeras instalaciones de una de las grandes estancias del sur argentino. Nueva Lubecka fue llamada así en honor y recuerdo de Lübeck, la ciudad de procedencia de la esposa del inmigrante alemán. La estancia fue bien conocida luego por ser un parador estratégico de la ruta 40, en una época de caminos muy precarios que hacían muy largo y tedioso el tramo entre Esquel y Comodoro Rivadavia. Esa centralidad la llevó a ser una de las primeras estafetas del correo en lugares distantes. Más tarde, toda el área se convirtió en lugar de referencia para el mundo de la ciencia al darse a conocer varios hallazgos paleontológicos de gran importancia.

La estancia tenía varios caballos y se necesitaban domadores, a efectos de cumplir las distintas tareas de campo. Ignacio Ripa, residente en Trevelin, fue contratado para esa tarea, y como parte de pago de sus servicios le ofrecieron a Sapucay, que entonces no tenía nombre. Con un poco de recelo, Ignacio lo aceptó. Ya sabía que el hermano nunca había podido ser amansado y temía que éste podría comportarse de la misma manera. Pero era un desafío a sus habilidades de domador.

El caballo era muy joven, tenía buena forma y alzada, pero estaba muy flaco. Los potreros en los que se había mantenido en su corta vida eran esteparios, con pastos duros y escasos. Cuando llegó a Trevelin fue liberado en un pequeño cuadro donde el forraje era sumamente abundante, muy distinto a su lugar de origen y el pobre caballito se dedicó a comer con ahínco. Esto le valió el apodo de "Goloso" de parte de su nuevo dueño. Ese fue su primer nombre.

El animal resultó mucho mejor de lo esperado para todo tipo de tareas de campo. Para el arreo de vacas, enlazar, arrastrar carga y para la persecución de jabalíes, situaciones en las que intervino muchas veces, dado que no sólo era imprescindible para alcanzar la velocidad de los perros cuando éstos iban tras la presa, sino que volvía con la pesada carga, fruto de la caza, imposible de transportar de otra manera. Este aspecto era muy valorado porque muchos caballos se resisten fuertemente a trasladar un animal muerto.

En aquellos días, Ailín había comenzado a dar clases de equitación. Muchos chicos de El Bolsón la seguían a través de las redes y demandaban su enseñanza. Pero los caballos árabes eran muy briosos y no eran lo más adecuado para esta tarea. Por lo cual se abocó a la búsqueda de un caballo que cumpliera con lo que la circunstancia requería.

Recibió entonces un llamado de alguien conocido, Ariana Retamar, quien sabiendo lo que buscaba le dio información. Ignacio Ripa buscaba una yegua joven de buena raza para utilizarla como madre y sabía que Ailín estaba ofreciendo a Ámbar, la primer hija de Safiya, que tenía muy buena sangre, una figura muy atractiva, pero se había lesionado en una mano y cuando era exigida en una competencia, ésta se hacía notar.

 Surgió entonces la posibilidad de un canje. Mariano y Ailín llevaron a Ámbar a Trevelin con el decidido plan de volverse con el caballo. Si bien éste los impresionó por su buena forma, se mostró sumamente desconfiado, en apariencia asustado y echaba las orejas para atrás en indubitable gesto de enojo. Surgió entonces la duda de que realmente estuviera bien amansado y que sirviera al propósito que estaban buscando. Pero bastó que Ignacio lo ensillara, cinchara y montara para disipar todos esos temores.

Y el ahora llamado Sapucay, no defraudó. Se convirtió en una gran herramienta de enseñanza en la que sus dos alumnos preferidos, los hermanos Eloy y Teo pugnaban por montarlo.

Sapucay se convirtió en uno de los principales caballos de silla y uno de los preferidos para las salidas de campo. Infundía confianza, sabía caminar en la montaña, tanto en los ascensos como en los descensos, cruzaba ríos profundos, era hábil para caminar por el bosque aunque éste fuera denso, no se asustaba con nada y respondía con docilidad.

Es uno de los caballos componentes de la tropilla que se mudó a Lobos. Y muy pronto Ailín, que trabajaba mucho con los árabes por su inteligencia, descubrió que éste no les iba en zaga respecto a ese aspecto y decidió ponerlo a prueba.

Una de las primeras cosas que aprendió fue a alcanzar la boina. Ailín la lanzaba lejos de sí, y Sapucay no dudaba en buscarla, tomarla entre sus dientes y traérsela cual un perrito. Y pronto supo que los progresos en su aprendizaje tenían premio y en breve aprendió a echarse y otros trucos.

Y esto no sólo sirvió para realizar el show. En más de una oportunidad, Ailín se encuentra en el medio del campo, necesitada de un caballo y sin dudar busca con la mirada en la tropilla intentando visualizar a ese zaino oscuro, robusto, de pelaje marrón con crin y cola negras. Sapucay se destaca enseguida, y a él recurre sin dudar. Éste se echa para que Ailín lo pueda montar con facilidad, y sin contar con montura, freno o siquiera una soga, obedece dócilmente las órdenes que a veces implica arrear otros caballos y cambiarlos de potrero.

CATRIEL
Bebé de la tormenta

Los caballos piafaban nerviosos y se movían de un lado a otro sin saber qué hacer. Sensibles a las sutilezas de la naturaleza, levantaban las cabezas y se agitaban intranquilos, abrían sus ojos grandes y expresivos reflejando una mezcla de miedo e intriga.

El día estaba finalizando en una calma tensa, pero ésta era amenazante y opresiva. La atmósfera se presentaba pegajosa y el intenso calor que sometía a los animales un momento antes comenzó a tornarse rápidamente en un aire más frío, más húmedo y una pequeña brisa empezó a sacudir sus crines. Todos indicios que presagiaban un agresivo fenómeno meteorológico.

Antes de que el sol completara su descenso, esas señales de cambio empezaron a ser más evidentes. Primero fue un relámpago lejano en un cielo que comenzaba a ennegrecerse con una formación de nubes turgentes, amenazadoras, en un marco ominoso de siniestra amenaza. A modo de eco, instantes después llegó el brutal sonido del choque entre esas partículas de agua y hielo cargadas de electricidad que se expandieron violentamente por el aire. El trueno fue el disparador. Muy poco después se desató la tormenta.

El viento mutó de susurro a un murmullo inquietante y luego, tras un aullido furioso, comenzó a incrementar su fuerza agitando las hojas de los árboles, quebrando ramas y levantando remolinos de polvo mezclado con agua. Un gran destello rasgó el cielo en la vertical, con una luz cegadora que creó, en un instante, una exhibición de contrastes de luces y sombras distorsionando el escenario y dotándolo de irrealidad. Cada rayo aparecía en una forma caprichosa y aleatoria, iluminando y destacando las siluetas de los animales y árboles, luego se escondía en la oscuridad en una suerte de sinfonía apocalíptica.

Los caballos que venían de la Patagonia eran incapaces de comprender la naturaleza fantasmal de ese fenómeno. Comenzaron a correr relinchando asustados apelando al mecanismo de huida, su reacción natural ante un peligro inminente, aunque no podían determinar cuál era éste. El resto de los caballos locales, que ya habían pasado por estas situaciones varias veces, en lugar de calmar a los recién llegados, se unieron a este caos de miedo.

Todos sus sentidos eran bombardeados. La terminaciones nerviosas distribuidas debajo de toda la piel, transmitían miles de pequeños golpes dado el diluvio de pesadas gotas que a modo de grandes partículas, azotaban sus cuerpos con violencia.

A ello se le mezclaban los olores propios de una tormenta eléctrica, la fragancia del ozono transportado desde la altura a la superficie que impregnaba el aire con un perfume desconocido, al que se agregaba un cóctel aromático de otras moléculas odoríferas liberadas por las plantas y la tierra mojada.

Pero lo que más los asustaba era el ruido. Movían y orientaban sus orejas tratando de descifrar el origen de ese rugido amenazante. Los truenos retumbaban en sus pechos como tambores, resonando en los oídos y haciéndolos retroceder con una mezcla de asombro y pavura. A ese eco furioso se sumó el golpeteo de sus cascos que fue adquiriendo un ritmo frenético de danza de temerosa ansiedad.

La tormenta eléctrica creció en potencia y comenzó a desatar su furia sobre esta parte de la provincia de Buenos Aires hasta llegar a un clímax en el que el estruendo resultaba ensordecedor, como si la propia natura hubiera determinado autodestruirse. Pero tan rápidamente como comenzó, los truenos se fueron volviendo repentinamente más distantes y los relámpagos se hicieron menos frecuentes. El desorden climático terminó y la lluvia se convirtió en una precipitación suave y constante, como un suspiro final de la naturaleza que encontraba nuevamente su equilibrio y armonía después de su arrebato de furia. La gran tormenta había pasado. Terminada su expresión de ira dejó a su paso una muestra de la magnitud de su fuerza poderosa, imponente y de dominio de los elementos.

Esa fue la noche en que nació Catriel. Ailín y Mariano lo encontraron en la mañana al lado de una yegua que le daba protección. Pero no era su madre. Buscaron en la tropilla y descubrieron a la hembra que lo había parido, pero ésta lo rechazó de tal manera que casi lo lastimó. Ailín y Mariano intentaron que lo amamantara, pero la yegua lo amenazó e intentó morderlo y patearlo con idea de matarlo.

El pequeño potrillo estaba muy débil, aterido y hambriento. No había mucho que pudieran hacer, por lo que lo tomaron en brazos y lo llevaron a la casa, le acondicionaron un lugar calentito y mullido y le dieron un calostro que habían rescatado de otra yegua tiempo atrás y que conservaban congelado.

Sobrevivió ese día y esa primera noche, mediante un intenso cuidado y leche que le sacaron de prepo a la madre, ordeñándola y dándosela cada tres horas, en una mamadera improvisada con una botella de cerveza y una tetina.

La yegua madre no era propia del campo, estaba en contrato de pastaje por lo que le hicieron saber a su dueño lo que había pasado. Pero éste sabía que la única posibilidad de que el potrillo viviera era adoptándolo como un bebé en cuidados intensivos y que esa era una dura y muy costosa tarea, ya que la cría tomaba leche con mucha frecuencia y no era posible ordeñar a la yegua en cada ocasión.

El dueño de la yegua madre optó por decirle a Ailín que lo abandonaba y, si ella quería adoptarlo y hacerse cargo, que lo hiciera, él no iba a hacer ningún reclamo, se lo regalaba para que decidiera su destino.

Decirles a Ailín y Mariano que un caballo es abandonado, es ponerles una espada de hielo en el corazón. Tanto es así que tienen varios caballos rescatados, maltratados o secuestrados, que han tomado en adopción. Buscaron un sustituto lácteo de buena calidad y se prepararon para su manutención.

Si criar un bebé humano es difícil, mucho más lo es un caballo. Los padres adoptantes se levantaban durante la noche, turnándose casi hasta el agotamiento, pero no perdieron continuidad. Para mayor seguridad le acondicionaron un lugar en su casa, transformando parte del living en la habitación del bebé que llenaron con viruta proveniente de un aserradero, lo dividieron y cerraron con madera de unos pallets pintados. No faltó en el box un cartel con su nombre prolijamente dibujado.

Los potrillos son, naturalmente, muy apegados a su madre y maman varias veces al día en poca cantidad merced a que ambos están en condición de presas. El potrillo tiene poca capacidad en el estómago y la yegua no tiene en sus ubres una gran reserva de leche. Madre e hijo deben estar livianos para una pronta huida ante la súbita aparición de un predador.

Preparar y sostener la mamadera por varios minutos era agotador, especialmente a altas horas de la noche. Ailín le enseñó entonces a tomar la leche en un balde, a efectos de facilitar la laboriosa tarea de alimentarlo.

Pronto Catriel empezó a entrar y salir a voluntad. Aprendió a abrir la puerta, que Tango, el perro pastor cerraba por detrás. Revisaba la cocina, en ocasiones se metía al dormitorio para despertar a sus padres adoptivos, pero siempre fue en extremo cuidadoso con el mobiliario y muy consciente de las dimensiones de su cuerpo. El dicho de "un elefante en un bazar" no se aplicaba en este caso. El gran televisor sobrevivió pese a que le pasaba a pocos centímetros. Lo único que le gustaba tirar, que Ailín no podía controlar y la sacaba de quicio, era el ténder en el jardín, para evitar echarse en el duro suelo y hacerlo confortablemente en la ropa.

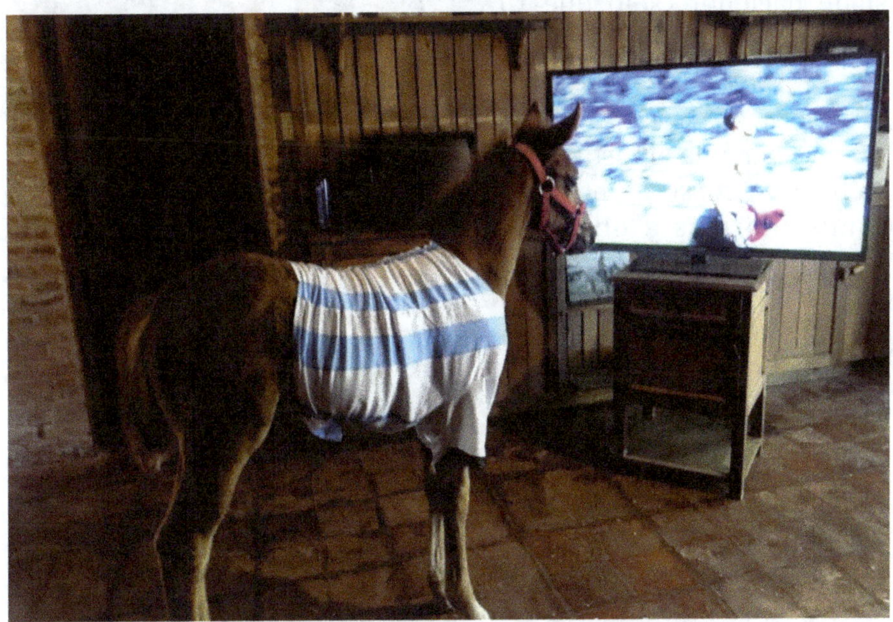

Durante el día salía al jardín y luego empezó a ir al campo, confraternizando con los otros caballos, especialmente con "Bailarina", una potranquita de su misma edad, hija de Anisa y también con "Cacique" otro potrillo que había nacido más o menos en la misma fecha. La madre de éste, en ocasiones, fue proveedora de leche. También lo fue Anisa, pero en una suerte de media adopción en la que, cuando se descuidaba, Catriel se prendía a sus mamas.

Anisa hacía como que lo rechazaba al principio, pero luego lo dejaba, mostrando igualmente su disgusto con las orejas echadas hacia atrás.

A Catriel le gustaba estar con la gente. Sumamente cariñoso buscaba afecto constante- mente y se mezclaba en los grupos que visitaban el esta- blecimiento. A menudo, cuan- do aparecía un automóvil y el conductor bajaba la ventani- lla, metía toda su cabeza en la cabina para curiosear ante la sorpresa y agrado de muchos y el susto de algunos. Hoy lo sigue haciendo, sólo que su cabeza es mucho más grande y el gesto resulta intimidato- rio.

En una oportunidad se hizo un curso de herrado en el establecimiento y se presentó como uno más a observar. Pero pronto se puso tan cargoso que impedía al instructor desarrollar bien su clase. Entonces lo tomaron y lo usaron de muestra en una lección de escofinado y desvase de un potrillo para corregir sus patas y manos.

Pero algo que le encantaba y resultaba casi inexplicable, era acostarse a los lados o arrastrarse debajo de los vehículos y tirarse bajo su sombra. Cada vez que un auto o camioneta debía partir había que revisar debajo del

chasis, ya que en ocasiones apenas eran visibles sus patitas

Ailín y Mariano eran conscientes de que debía tener interacción social con el resto de la caballada y prestaron mucha atención al respecto. Sabían que muchos animales criados en aislamiento, a pesar de estar en buenas condiciones, generaban algún tipo de frustración y asumían conductas y comportamientos no deseados, en ocasiones derivados en agresión.

Por otro lado, dada la sobreprotección a la que están sometidos, algunos potrillos huachos suelen ser peligrosos ya que desaparecen algunos miedos y se tornan muy brutos en la medida que van creciendo. Pero Catriel siempre tuvo límites impuestos, no carentes de afecto. En el trato natural, la madre recibe golpes, empujones y patadas que en razón de su tamaño no es afectada mayormente. Pero las dimensiones y fragilidad de la madre adoptiva distaban mucho de los casi 400 kilogramos de su madre natural.

Los caballos le enseñaron a ser caballo. Pasa buena parte del día con ellos y ninguno lo agrede, más bien lo protegen, aún Piuké, quien es la reina de la intolerancia. Da la impresión de que todos saben que es el hijo adoptivo de la líder de la manada, y que esa es la actitud que deben tener. Durante esos primeros meses de interacción alterna, cuando llegaba la tarde y se ponía el sol, se acercaba a la casa, abría la puerta de entrada, sorteaba los muebles y se metía en su box donde se desparramaba a sus anchas.

Los caballos son animales gregarios y tienen hábitos de manada. Varios estudios de comportamiento sobre grupos de caballos silvestres, como los mustangs de EEUU, los brumbies de Australia, o los cimarrones y baguales de Sudamérica, determinaron que en la tropilla se establece un orden social, donde aparecen fuertes vínculos y jerarquías que fijan un estado de armonía y equilibrio.

Esta necesidad de compañía es un atributo que ha facilitado la domesticación. Por otra parte, su precocidad es una condición indispensable para sobrevivir. Debe aprender muy rápido ya que su única defensa es la huida y debe discernir e identificar desde muy temprano cuáles son los peligros, a fin de determinar cuándo una amenaza es real y no consumir energía huyendo constantemente ante falsas alarmas.

Su defensa es principalmente el escape refugiándose en su velocidad y tienen una muy rápida capacidad de reacción merced a todos sus sentidos muy desarrollados. Esta velocidad de movimiento, muy superior a la de los vacunos, es bien aprovechada por los vaqueros para la interceptación de ganado y poder adelantarse a sus movimientos.

Estas reacciones, además, tienen en la tropilla una coordinación de grupo, en la que los más débiles y jóvenes se mantienen en el centro, los más fuertes alrededor y en el escape normalmente una yegua experimentada va por delante y un padrillo entre el predador y la manada. En todos los casos aparece un ejemplar dominante que establece un liderazgo. La jefatura no tiene un carácter despótico, sino principalmente la incorporación de una responsabilidad para vigilar, defender y brindar seguridad al resto, aunque a veces se dan casos de dominancia. Los caballos que quedan solos se estresan, asumen una actitud triste, muy miedosa y efectivamente son fácil presa de predadores.

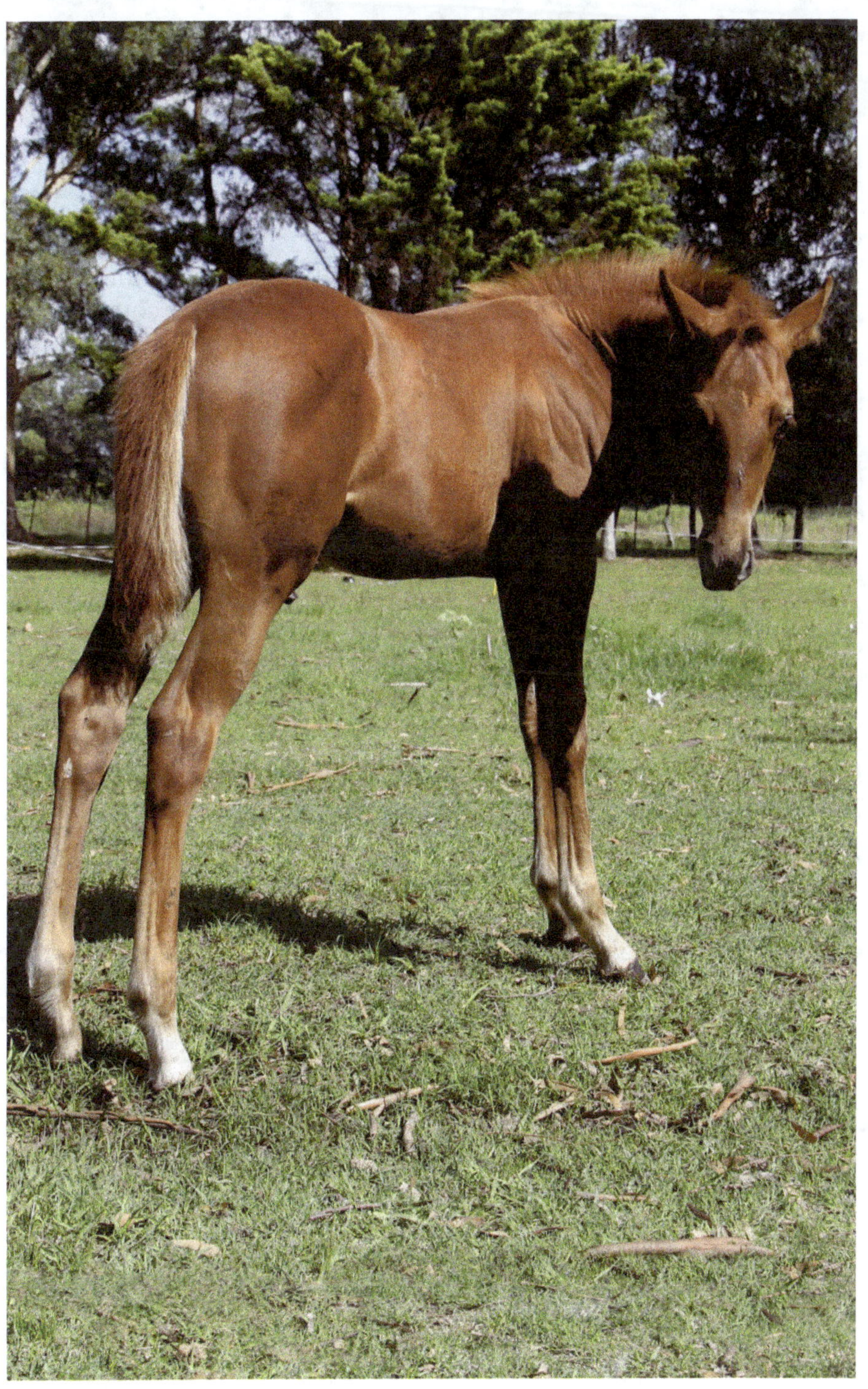

A diferencia de la visión binocular estereoscópica, con los ojos por delante que poseen los predadores para obtener una buena percepción de profundidad para poder cazar, los caballos, como todo animal presa, sitúan los ojos a los costados, permitiéndoles una visión monocular en cada flanco a efectos de detectar peligros alrededor. Esta posición lateral de los ojos les dificulta tener una buena visión estereoscópica superpuesta hacia adelante, y un área ciega abajo, lo que les hace más difícil calcular ciertas distancias o la profundidad de los arroyos. Algo que el jinete debe comprender cuando su monta muestra renuencia y temor ante algunos obstáculos.

Huelen bien a la distancia y poseen terminales nerviosas muy sensibles en todo el cuerpo lo que les confiere un sentido del tacto muy desarrollado. También lo es el oído, eficientizado con la capacidad de mover las orejas en forma independiente, dirigiéndolas a modo de antenas.

Y si bien la vista es deficiente en la interpretación de colores como el rojo o el azul, distinguen bien las formas que contrastan con el blanco y negro. Pero reconocen muy bien los movimientos, por ello se asustan los días de viento en que todo se mueve y muchos elementos vuelan.

Catriel se movía con comodidad entre los dos mundos. Alternaba el vínculo con la tropilla, jugando con Bailarina y Cacique, consumía energía, se ejercitaba e incorporaba conductas propias de su especie. Pero respondía inmediatamente al llamado de Ailín para comer o cuando llegaba la hora de dormir.

Ailín volcaba en las redes sociales toda esta crianza y Catriel comenzó a tener muchos seguidores que indagaban constantemente sobre su bienestar, travesuras y desarrollo. Cada día había una foto o un video del caballito durmiendo en su box, tomando la mamadera, jugando con los perros o echado con Mariano en el sillón, con una camiseta de la selección XXXL mirando el mundial de fútbol por televisión, y compartiendo la alegría humana cuando se daban los goles favorables a Argentina.

Pero su juguete preferido era la hamaca paraguaya, especialmente si a alguien se le ocurría descansar en ella. Estaba estratégicamente ubicada en el jardín en su patio de juegos y era evidente su alegría cuando se daba cuenta que alguien se disponía a echarse pensando, ilusamente que iba a tomarse una

siesta y descansar. Catriel le daba un momento para acostarse y luego arremetía mordisqueando la manta, pelos, gorras e intentando hacerla girar. Ni siquiera cambiando de lugar o de altura la hamaca consiguieron disuadirlo de hacer esto, y finalmente hubo que retirarla antes de que se convirtiera en flecos.

En encuentros ecuestres y sociales, muchos reconocían a Ailín y los chicos la identificaban como "la mamá de Catriel", tal era la fama que iba alcanzando el potrillito, especialmente después de aparecer en algunas ediciones de video de terceros durante el mundial de fútbol, en los que se tomaron fragmentos de los que hacía Ailín vestido con la camiseta de la selección, o pateando una pelota de fútbol o saludándolo a Messi en la pantalla. Se publicaban por todos lados.

Decidió hacerle conocer un poco más de mundo y lo llevó a uno de los shows en los que exhibía su arte en el adiestramiento y comunicación con los caballos. Presentado en "El Refugio", un lugar cercano a la laguna de Lobos, fue la primera vez que viajó en un carro, un día de muchísimo calor. Mateos, el eficiente y siempre bien dispuesto ayudante de Ailín y Mariano se ofreció a viajar con él, para evitar que se golpeara, se asustara y para que viajara más tranquilo. Si bien el viaje fue corto, al abrir las puertas del carro, se encontraron con que ambos estaban bañados en sudor debido a que el rodado era usado en Patagonia, muy cerrado y aún no había sido acondicionado para transitar por las rutas del centro y norte del país.

En compañía de Ailín, Mateos o Mariano, Catriel se sentía tranquilo y protegido, a pesar de encontrarse con mucha gente desconocida. Cuando le tocó hacer su papel, que consistía en seguirla a Ailín corriendo por el potrero esquivando y saltando obstáculos, no mostró ningún signo de timidez. Luego se dejó acariciar y besar por los chicos que lo seguían por las redes sociales como si fuera consciente de ser un ídolo "instagramer".

A los cinco meses los padres humanos adoptivos entendieron que Catriel debía empezar a vivir afuera y hacer abandono del nido. Le pusieron una capa de abrigo e hicieron una prueba. Ailín salía constantemente a verlo pero Catriel se fue adaptando sin mayor problema. De vez en cuando un relinchito que se le antojaba lastimero, la hacía salir disparada como un resorte, pero el potrillito estaba acompañado de sus amigos coetáneos que parecían entender que debían darle apoyo en esa transición.

Fue muy impactante para Ailín hacer el desarme del box como si se tratara de una emancipación. No obstante, continuaronalimentándolo con leche y acudía al primer llamado, fuera de noche o de día. Luego pasó al balanceado y así sigue ahora su desarrollo. Transitó el resto del invierno protegido, pero puertas afuera, y cada mañana Catriel, Bailarina y Cacique vienen en fila india a recibir su desayuno.

Hay muy pocas tropillas salvajes en el mundo y su comportamiento difiere en gran parte de las tropillas domésticas merced a una gran capacidad de adaptación, y sorprenden muchas actitudes incorporadas en distintos ámbitos.

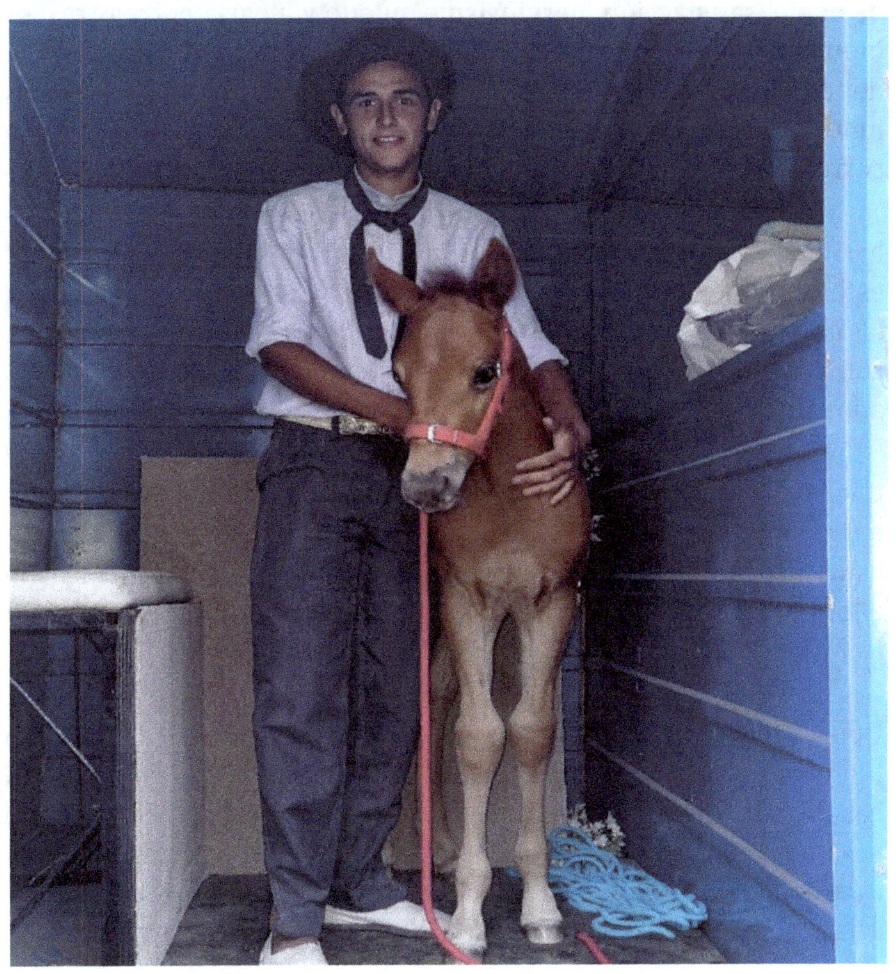

En las grandes praderas la preocupación rara vez es la comida. Los caballos no compiten por el pasto aunque sí buscan mantener su espacio, los sementales se enfrentan por las hembras, pero en general asumen sus roles de responsables del cuidado y vigilancia dando a la manada cierta armonía. Y se dan casos en que se evidencian relaciones de mucho afecto, entre pares e incluso cuidando caballos o hembras viejas que no son abandonados, son más bien protegidos y enviados al centro, junto a los potrillos.

La etología de los caballos en el universo doméstico es bastante menos predecible. Si bien conservan muchas de sus costumbres ancestrales y un buen entrenador reconoce los signos de enojo, satisfacción, nerviosismo, miedo y alegría entre otros, es indudable que están sometidos a un régimen distinto, muchos son dependientes de la alimentación y si se los pastorea más o menos juntos, siempre hay alguno que quiere sacarle la comida a otro y lo corre. Aquí sí sienten que hay competencia por el alimento.

También se los obliga a juntarse en bretes, en carros, en corrales y eso les impide tener su espacio individual. Algunos de estos caballos no toleran que otro se acerque tanto y a menudo, en las carreras de *endurance*, se les ata una cinta roja a los caballos que son pateadores para señalar que no deben acercarse con otro animal.

Y se dan casos de extremo amadrinamiento, en el que se unen y es muy difícil separarlos. La nueva ola de amanse y entrenamiento tiende a reducir la imposición aceptando algunos de estos aspectos del comportamiento, aprovechándose incluso de ellos para generar una relación más armónica entre la tropilla o con la interacción humana.

Y el caso de la relación con Catriel parece ser especial. Quizás ha sido muy acertado el hecho de que comparta el mundo humano y caballuno y obtenga lo mejor de ambos. Resulta en un caballo afectuoso, manso, juguetón pero cuidadoso y consciente de su enorme cuerpo, le encanta que lo abracen, sin temor y sin agresividad, pero a la vez es posible observar su comportamiento y relación con los otros caballos, con los que interactúa sin barreras.

En la actualidad Catriel es un gran exponente de las redes sociales. Mucha gente, que lo conoce a partir de sus apariciones viene a visitarlo, y él asume ese papel de famoso y no decepciona. Pronto entrará en el programa de entrenamiento de Ailín y no hay dudas de que sorprenderá al mundo ecuestre demostrando que los caballos no son cosas o animales limitados al trabajo. Son seres sumamente inteligentes, afectivos y es posible comunicarse con ellos de manera amigable. Esa es la misión que Ailín ha encarado y no hay dudas de que Catriel será uno de sus principales ayudantes.

LOBITO

El pony tobiano

El mundial de fútbol desarrollado en Quatar estaba en su instancia final. Argentina jugaba contra los Países Bajos y Lobito, el pony tobiano, percibía la algarabía y se había acercado a la casa de Ailín y Mariano. Vestía una gigantesca camiseta de la selección y parecía disfrutar de pasearse así vestido. Al igual que a Catriel, y dado su pequeño tamaño, se le permitía ingresar, pero a diferencia de éste, que era delicado, cuidadoso con los muebles y respetuoso del espacio de los demás, Lobito atropellaba y volteaba lo que estaba a su paso, pisaba zapatillas y más de una vez alcanzaron a evitar que bosteara dentro de la casa.

A pesar de ello y dada su simpatía, se le concedían prerrogativas vedadas a otros. Pero es extremadamente perspicaz, y cuando se le brindaba alguna concesión inmediatamente se excedía. Y fue así que, desde su llegada al campo se tomó todo tipo de atribuciones; era capaz de leer en cada uno las debilidades y permisividades e ir hasta el límite. Una de ellas era abrir la puerta e ingresar hasta la cocina para investigar lo que se había preparado para comer. Pero esta vez se había pasado de la raya. Sin que nadie se percatara, distraídos y enfocados en ese infartante partido, había dado cuenta de varias empanadas de jamón y queso reservadas para el entretiempo. Y las que no comió, al mejor modo del Viejo Vizcacha, del Martín Fierro, las salivó de tal manera que resultaron incomibles.

A Lobito le gustaba el fútbol, realmente. Veía una pelota y buscaba pegarle, tanto con las patas delanteras como con las traseras. Ailín se dio cuenta de ello y le fabricó un pequeño arco con red incorporada. Pronto entendió que debía meterla dentro de esa estructura y se esmeraba por hacerlo. Y fue en este contexto del campeonato mundial que Ailín le compró una camiseta y una pelota alusiva al torneo a la que Lobito aporreaba con entusiasmo.

Ante esto, Pablo, hermano de Ailín, productor de video y fotografía, puso a disposición todo su equipo y creatividad para la realización de un pequeño corto que luego colgaron en las redes sociales. En él, Lobito desafiaba a un jugador profesional, y luego de lograr el gol festejaba haciendo distintas pruebas que mostraban su habilidad para pararse en dos manos, revolcarse y luego subir a una tarima donde había una réplica de la copa y un cartel que rezaba "¡Vamos Argentina!".

Lobito fue el primer caballo que llegó al campo, luego de que Ailín y Mariano se afincaran. Venía con una historia bastante triste. Sufrió cierto maltrato que le produjeron heridas físicas y anímicas, aparentemente tuvo un feo accidente al caerse de un camión y que explicaba su labio inferior partido. Todo ello había determinado en él un carácter bastante agresivo y rebelde, en extremo disimulado por su pequeño tamaño.

Laureano Oliver, un amigo del mundo ecuestre, residente en Lobos, y cuya opinión había sido gravitante en la decisión de que toda nuestra familia se instalara en esta localidad, lo había adquirido con la intención de darle una mejor vida y utilizarlo para la enseñanza de chicos más o menos pequeños. Pero no sirvió a este propósito. Evidentemente, asociaba a los nenes con algún trauma de su vida pasada y les mostraba inmediatamente su antipatía. Pero no podía ocultar su increíble inteligencia, y Laureano entendió que quizás Ailín podría poner en orden su carácter y utilizarlo en la actividad de entrenamiento que estaba realizando.

Lobito llegó sin miedo. A pesar de su pequeño tamaño, no mostró respeto ni temor hacia sus gigantes conespecíficos. Había convivido con otros equinos en diferentes ámbitos. Pero los que sí se asustaron fueron los otros caballos. Cuando bajó del carro parecía que hubiera aparecido un demonio de Tasmania. Los primeros días, todos se hacían a un lado cuando pasaba cerca, y algunos echaban a correr. Lobito los acompañaba sin entender que él era la razón de la estampida y eso los asustaba aún más, porque parecía que los perseguía.

Con respecto al trato con los humanos, tenía una actitud casi prepotente, pero se encontró con la horma de su zapato, o herradura en este caso.

Hubo un período de estudio entre Ailín y Lobito. Un ida y vuelta de pruebas en los que Lobito pudo entender que había límites que no podía pasar, y a la vez encontraba afecto y calidez en el trato. Por otra parte, Ailín quedó sorprendida y subyugada por su inteligencia, usada para el bien y para el mal, ya que costó mucho que respetara un depósito de alimentos, una tranquera, o

un alambrado eléctrico, pues siempre encontraba la manera de pasarse al lote de al lado, independientemente de donde se lo pusiera sin importar si estaba cómodo o tenía pasto a su disposición. El predio vecino era donde siempre quería estar.

En este período intentó dejar en claro que, a pesar de su tamaño, podía patear o morder como el mejor, y gran parte de su entrenamiento primario fue para quitarle esas mañas, hasta que entendió que no estaba en un ambiente adverso y que, si cumplía con lo que su entrenadora pretendía de él, eso tenía premio. De inmediato aprendió todas las pruebas que se le enseñaron, las que hacía en una rápida secuencia dejando en claro que lo que más le importaba era el premio final, una zanahoria o una manzana que disfrutaba de modo explícito.

Luego, cuando los otros animales entendieron de qué se trataba ese ser peludo que les llegó de compañía, se integró al resto de la tropilla sin mayor problema. Era uno más, excepto cuando se metía en el pastizal. Todos los caballos eran visibles con el pasto llegando a la panza, pero Lobito permanecía completamente oculto. Sólo se veía la vegetación que se iba abriendo y aplastando como en las películas de Spielberg, cuando los velociraptores buscaban su presa.

Pocos meses después llegó "Campanita", una pequeña yegua pony rescatada que Ailín y Mariano acogieron como custodios. El pobre animal estaba ciego de un ojo merced a los golpes recibidos, por todo su cuerpo tenía marcas de alambres, que usaban para atarla a un poste y a un carro que tiraba, con una dimensión y tamaño casi por encima del límite de su esfuerzo.

Lobito se sentía cómodo con el resto de los caballos y no le prestó mayor atención a pesar de que era una hembra de su tamaño. Campanita estuvo varios días recuperándose. Le dieron un trato especial de alimento y medicación para levantar su físico desmejorado. Muy temerosa merced al maltrato recibido, poco a poco fue tomando consciencia de su libertad de movimiento, de la abundancia de pasto, de la falta de castigo, y fue ampliando su radio de acción hasta desaparecer en el medio del campo. Ahora no busca el contacto humano, y sólo es una mancha blanca a lo lejos que eventualmente se acerca para tomar agua de los bebederos. Ailín bendijo esa libertad y entiende que es feliz. Hace un contraste con su vida pasada y la deja ser.

Luego vinieron dos petizas más pequeñas que Lobito. Melba y Oreo, del color de estas galletitas; muy mansas e inteligentes. Tampoco se unieron a Lobito. Hicieron su propia vida junto a otros caballos, con la diferencia de que no había cerco o tranquera que les impidiera pasar. Y a veces amanecían en la huerta habiendo liquidado las rúculas y lechugas que Silvia cuidaba con esmero, protegiendo de las hormigas sin usar venenos para obtener un producto netamente orgánico. Melba y Oreo disfrutaron mucho de esas rúculas.

Algo que es común en todos es su increíble inteligencia, que se descubre al interactuar con ellos. A menudo, en exposición en ferias o distintos eventos que reúnen gente, se ven junto a un fotógrafo que se gana la vida haciendo imágenes con ellos y dan la falsa imagen de una cosa estática que sirve sólo para eso.

Históricamente el término "poni" en correcto español deriva del inglés *pony* o *poney*, en una variante del escocés de la edad media, pero su verdadero origen es del latín "pullus" con un significado aproximado a animal pequeño, retoño, aplicado también a otras cosas e incluso a niños. Queda definitivamente establecido como denominación de la raza en las islas Shetland de Gran Bretaña donde se fomentó mucho la crianza de pequeños caballos, de menos 110 centímetros de altura en la cruz. Las consideradas razas domésticas más antiguas de ponis provienen de ese lugar.

Aunque se ha difundido la información de que los ponys y los caballos son especies distintas, esto no es así, de ninguna manera. De hecho, la Federación Ecuestre Internacional considera Ponis a cualquier caballo con alzada inferior a 147 cm, aunque los pone en distintas categorías.

En los Estados Unidos se hacía referencia a unos caballos un poco más pequeños, pero muy robustos, descendientes de grupos introducidos por los españoles que fueron capturados y redomesticados por grupos indígenas, por lo cual se les llamó *"indian poneys"*. Luego, se hicieron conocidos por una empresa de correo, la *Pony Express*, que transportaba documentación a grandes distancias en poco tiempo, utilizando estos caballos con un servicio de postas.

La realidad es que los antepasados de los actuales caballos eran más parecidos a los rústicos, rechonchos y poco ágiles ponis. Pero su enorme plasticidad genética permitió que, con un selectivo proceso, se lograra ir modificando sus características fisonómicas logrando que los caballos fueran ganando altura y fueran adaptándose mejor como animal auxiliar del ser humano, no sólo para la monta sino también para la labranza y otras actividades.

Esta manipulación ha permitido obtener animales tan disímiles como "Poe", el caballo más grande del mundo de tres metros de alzada y bastante más de una tonelada de peso y Einstein el más pequeño, de sólo 35 cm y que pesó sólo 2,7 kilogramos al nacer. Ambos figuran en el libro de récords Guinness.

Una raza originada en Argentina, llamada "Falabella" representa a los ponis más pequeños. Su alzada máxima es de 70-80 cm, aunque existen ejemplares que están incluso por debajo de esta medida y dada su mansedumbre se han hecho mundialmente famosos como animales de compañía, alcanzando una muy alta cotización en todo el mundo.

En los últimos años ha surgido una tendencia, entre la gente que cuenta con espacio en sus casas, de tener ponis de compañía. Pero muchas veces no reciben el trato adecuado, no dejan de ser caballos a pesar de su extrema domesticidad y no se entiende que deben recibir un trato distinto al de un perro o un gato. Si bien en su mayoría son dóciles y nobles, están programados para ser sensibles al peligro, son animales presa y pueden asustarse fácilmente apelando a su instinto de defensa generando algún accidente.

Lobito es una de las estrellas de Ailín, con un aspecto travieso que lo hace atractivo, especialmente para los chicos, que disfrutan verlo. A veces se rebela en medio de un espectáculo y eso pasa a ser parte del *show*, y aunque Ailin no concuerde con ello, esas actitudes para demostrar cierta rebeldía resultan divertidas. Pero luego del espectáculo todos quieren tocarlo, abrazarlo y tomarse una foto con él.

LOS TORDILLOS
Poesía en movimiento

Ailín, con el brillo de la ilusión en sus ojos, preparó a dos de sus caballos árabes tordillos para un día importante en el establecimiento "La Candelaria". El Día del Niño siempre había sido especial en la estancia, pero este año Ailín había decidido llevar la magia a otro nivel.

Inspirada en los cuentos de Disney que la habían cautivado desde muy chica, había trabajado en una idea que seguro sorprendería y encantaría a los pequeños visitantes: convertir a sus caballos en majestuosos unicornios. Con paciencia y delicadeza, les colocó unos cuernos nacarados de goma eva en la frente y adornó sus crines con pequeñas estrellas. Ella misma también formaba parte del cuento, y se vistió cual una princesa con un vestido blanco y una gran capa que caía desde sus hombros.

Cuando llegó la hora, niños y padres se agruparon en uno de los lados del perímetro que Mariano había establecido para el desarrollo del espectáculo y murmullos de emoción se escucharon cuando Ailín y sus dos "unicornios" blancos hicieron su entrada. Los caballos lucían hermosos, la gallardía y la elegancia de la raza árabe se mostraba en toda su magnificencia, remitían a un lugar mágico donde unicornios mitológicos eran guardianes de la paz y la armonía.

El día no acompañaba. Muy frío, con viento y con aspecto tormentoso que intranquilizaba a los caballos. A ello se sumó que el escenario se había montado en un lugar distinto al que ellos conocían, e incluso la música que coordinaba sus movimientos fue cambiada, ya que se había dispuesto que lo acompañaría una banda sonora tomada de la película "Frozen". Aun así, habían conseguido el efecto deseado.

A pesar de la situación desfavorable, ambos estaban atentos a su entrenadora. Ailín los hizo correr dentro del recinto que se había preparado con varias estacas y un cordel negro que señalaba los límites. Mientras se habituaban al lugar hicieron varias pruebas según lo practicado e indicado ante un público sumamente atento que se dejaba atrapar por la fantasía que Ailín había creado.

En una secuencia, cubierta por su capa, se puso por delante de los caballos, los hizo sentarse sobre los cuartos traseros, en una posición que los pequeños espectadores jamás habían visto, y habló suavemente mientras los unicornios la miraban atentos con las orejas rectas y los ojos fijos en su entrenadora. Todo ello acrecentaba la ilusión del momento. Los rodeó mientras los acariciaba, se subió a uno de ellos y comenzó a galopar.

Eran la princesa y el unicornio que iban en busca del arco iris. De repente algo pasó, en medio de una serie de movimientos coordinados el caballo se asustó, y Ailín lo notó, preludiando lo que estaba por venir. En ese instante pensó en bajarse, pero decidió seguir adelante y soportar montada los movimientos no previstos confiando en su habilidad como jineta. El caballo empezó a saltar y la ausencia de riendas, de montura y estribos, más el vestido y sus calzas de lycra, le impidieron sostenerse y cayó por delante del caballo.

Curiosamente, mientras iba por el aire pensaba que no debía tocar el cuerno y destruir la ilusión de los chicos revelando su disfraz. Tocó el piso de espaldas y con cierta violencia, el caballo tuvo cuidado de no pisarla. Permaneció unos instantes caída ante la preocupación de todos, especialmente de Silvia y Mariano que estaban absolutamente inmersos en lo que estaba sucediendo.

Un murmullo de preocupación se esparció entre el público, pero antes de que alguien pudiera acercarse, con una agilidad sorprendente, se levantó, sacudió su vestido y, con una enorme sonrisa, levantó ambos pulgares hacia arriba en señal de que todo estaba bien, arrancando aplausos y vítores. Silvia y Mariano volvieron a respirar.

Ailín está provista de un cuerpo musculado por la práctica de la equitación, y con el espíritu y la determinación que siempre la han caracterizado, no se dejó vencer por el percance.

Con gran profesionalismo continuó con el espectáculo sin mayores contratiempos, al que se sumó Lobito, el pequeño poni tobiano, también provisto de un cuerno. Y como si supiera que tenía la responsabilidad de hacer un buen papel, hizo todas las pruebas a requerimiento y con una perfección como nunca.

Al finalizar, muchos niños se acercaron para acariciar a los "unicornios" y felicitar a la valiente princesa. Cuando la rodearon, Ailín alzó la voz y les dijo: "La vida, al igual que el adiestramiento, está llena de caídas. Lo importante es cómo nos levantamos y aprendemos de ellas." Fue admirable cómo pudo girar una situación que en lugar de opacar el espectáculo le dio un valor añadido, mostrando la resiliencia, el coraje, la capacidad de sobreponerse a la adversidad y seguir adelante con una sonrisa. Aquel día, Ailín no solo regaló magia y fantasía en la "Estancia La Candelaria", sino que también dejó una enseñanza que esos niños no olvidarán... que la magia no sólo está en los cuentos, si son capaces de sobreponerse a una caída.

Desde hacía tiempo Ailín tenía la idea de formar un grupo de tordillos árabes. Pero no era fácil, los miembros de esta raza son muy inteligentes y elegantes, pero excesivamente briosos. Finalmente los pudo reunir y hoy están ahora en distintas etapas de adiestramiento. Suleimán, Hereje y Fariid, cada uno con su personalidad, cada uno con su carácter, responden en perfecta alineación a las órdenes verbales de su entrenadora, gestos de mano y a un suave toque con una fusta, que no es para castigo sino como una extensión de su brazo.

Ailín adhiere a la corriente del llamado "adiestramiento en libertad", con una técnica en la que se trabaja con los caballos sin el uso de riendas, ni cabezada, montura o cualquier otro equipo de restricción, permitiendo que el caballo se exprese libremente y actúe de manera voluntaria, creando una relación más natural y armónica con su naturaleza y personalidad.

El objetivo es desarrollar comunicación, empatía y confianza mutua, inmerso en el respeto y el entendimiento, sin dominación, sin vulnerar su voluntad, sino trabajando junto a él, entendiendo sus miedos, inseguridades y fortalezas. No obstante, igualmente deben establecerse límites claros. Esto no significa ser agresivo, sino firme y claro con lo que se permite y lo que no.

Pero para lograr eso, se requiere pasar mucho tiempo con ellos, hasta establecer un vínculo basado en la confianza y en el entendimiento de su lenguaje corporal. Por otro lado, saber transmitir con verbalización, gestos y posturas, lo que se pretende que el caballo debe hacer es imprescindible.

A medida que éste comprende y responde a los comandos, se van introduciendo ejercicios más complejos. Pero es muy importante mantener la continuidad y ser consistente, coherente en las señales, en las expectativas y en las recompensas, para que el animal entienda lo que se espera de él.

Es evidente que quienes se dedican a esto, no sólo siguen un manual técnico, sino que son poseedores de una profunda intuición a la que suman una combinación de talento innato, habilidades adquiridas y, sobre todo, un amor y respeto profundo por los caballos, de tal manera que éstos se sientan seguros, comprendidos y respetados.

Hereje fue el responsable del incidente en La Candelaria. Al día siguiente se acercó a Ailín y no se separó de ella, siguiéndola como un perrito como si hubiera arrepentimiento o reconocimiento de culpa. Ella sintió que lo perdonaba y que entendía que había pasado un mal momento. Acto seguido, lo hizo echarse y lo montó nuevamente. El caballo se mostró extremadamente dócil, como siempre se portaba en ausencia de factores externos extremos que modificaran su conducta, y juntos salieron a recorrer el campo.

Hereje nació en las cercanías de San Carlos de Bariloche, al norte del lago Nahuel Huapi, en la Península Huemul. Había allí una tropilla de caballos árabes, de muy buena sangre, pero casi asilvestrados en el bosque. El dueño tenía la teoría de que para ser buenos caballos debían pasar por un proceso de selección natural. Pocas veces un potrillo sobrevivía a la nieve y especialmente a los predadores que allí se habían instalado.

Mariano sabía de esto y fue, acompañado de su amigo Nicolás Murgic, en busca de un caballo árabe joven para cada uno, para amansarlo y entrenarlo en la disciplina del *endurance*, que estaba bastante en boga en esa región del sur. Se dirigieron al dueño de la tropilla, quien era reacio a vender, pero su amistad con Nicolás atenuó esa resistencia y finalmente les dijo que fueran hasta la península y los eligieran, y entre risas les comentó que les estarían salvando la vida, porque una familia de pumas estaba haciendo estragos con ellos.

Mariano se acercó lo que pudo con su camioneta y vio un pequeño caballo alazán oscuro en su pelaje temprano, que lo cautivó de inmediato.

El potrillo tenía cinco meses, un poco temprano para destetarlo, pero a riesgo de que los felinos dieran cuenta de él si esperaba un poco más, se decidió a cargarlo y llevarlo a El Bolsón. Por su lado, Nico encontró el suyo y cargaron a ambos en la caja de la camioneta. Pasaron por Bariloche y recogieron las libretas de ambos, registrados como Hereje y Fortín.

Sin tener muy claro por qué, mientras los caballitos viajaban en la parte de atrás de su vehículo, decidió que él también lo llamaría Hereje. A Mariano le gustaban esos nombres que estaban lejos de ser simpáticos. Pero a todos los precedía con la palabra Patagonia. Patagonia Hereje sonaba bien, aunque sus hijas Sara y Quiara preferían llamarlo Nahuel.

Cuando llegó a su nuevo destino, el potrillo estaba visiblemente asustado, no conocía el trato humano. Apenas se abrió la compuerta saltó y salió corriendo, superó un alambrado y bajó al galope desde la ladera donde se ubica el barrio "Villa Turismo" dirigiéndose a la ruta. Mariano, reprochándose su descuido, salió tras él invadido del temor de que un vehículo lo atropellara.

El potrillo llegó al camino de acceso a El Bolsón y se paró en medio del asfalto, totalmente desorientado. Por suerte el único vehículo que transitaba era de un amigo, el "Gallego" González, infaltable tomador de mate de cada mañana en la veterinaria de Mariano, quien salía de El Bolsón hacia el sur encontrándose con ese cuadro. Desconociendo lo que sucedía, ni a quien pertenecía ese pobre animalito asustado, lo agarró y lo sacó de la ruta reteniéndolo con la idea de buscar a su dueño. Mariano llegó a los pocos minutos muy agitado y sin poder creer en la oportuna presencia de su amigo, le contó, con la respiración entrecortada, pero con indisimulada alegría, las vicisitudes de ese día.

Hubo un largo período de amanse, pero finalmente se transformó en lo que Mariano quería y a sus cuatro años hizo su primera carrera. Pero era padrillo, y eso provocaba disturbios si había alguna yegua en celo. Si bien era muy obediente y de buena rienda, Hereje no podía ocultar su apasionamiento y se ponía insoportable, relinchando constantemente y distraído de la carrera.

Participó en varias competencias, pero se lesionó y no pudo continuar. Fue entonces destinado a reproductor. Era un magnífico animal y contribuyó en la región al mejoramiento genético de varias tropillas. En El Bolsón, Epuyén, El Hoyo, Esquel y Trevelin. Muchos exhibían sus crías con orgullo. Era el único semental de raza árabe de la región.

Pero eso le trajo algunas complicaciones. Vivía atado o encerrado, porque si lo soltaban inmediatamente buscaba una yegua que estuviera en celo. Saltaba los alambrados y se lastimaba frecuentemente. Mariano había pensado en usarlo como su monta en el "casamiento ecuestre" a realizarse en Cholila con Ailín, pero el temor de provocar alboroto lo hizo desistir.

Ya viviendo juntos, Ailín y Mariano tomaron entre ambos la decisión de castrarlo porque notaban que tenía una vida agitada e infeliz. Y si bien pasó a ser más controlado, igualmente le gustaba correr en forma desenfrenada. Intentaron hacerlo participar en competencias de tambores, pero cuando llegaba a la recta final se desbocaba sin límite. Luego de ello pasó a ser un caballo de andar, fue usado en las clases de equitación hasta que Ailín lo comenzó a entrenar para los *shows*.

En el traslado de la Patagonia a Lobos fue el que más sufrió. Por alguna razón en el camión fue apretado o viajó en una posición que le provocó entumecimiento o calambres. Le costó bajar y tardó unos días en recuperarse. Más tarde fue agredido por nubes de mosquitos que lo hacían correr de un lado a otro intentando liberarse. Le llevó un año acostumbrarse a las adversidades de este nuevo lugar y lo hacía notar, mostrándose huraño y exhibiendo un carácter que no era propio de él. Finalmente se adaptó, volvió al entrenamiento y ahora es parte del grupo de tordillos que Ailín está adiestrando.

Fariid es otro de los tordillos árabes. A diferencia de Hereje, que había nacido en el sur y en sus primeros meses debió sobrevivir en un ambiente hostil, éste provenía de una "cuna de oro". Un médico rosarino, amante de los caballos, gustaba de adquirir los del tipo *halter*, animales de exhibición, y frecuentaba los criaderos ZT o Atalaya, muy renombrados por la calidad genética de sus animales comprando potrillos y potrancas que luego criaba con esmero. Fariid fue uno de ellos.

Este médico falleció y el caballo fue entregado a Josefina Chass con la idea de hacerlo un caballo de alta competencia en carreras de larga distancia. Era muy inquieto, muy difícil de montar, pero con enormes cualidades tanto de velocidad como de resistencia. Finalizada cada etapa en cada carrera, bajaba inmediatamente las pulsaciones como si apenas se hubiera agitado y así ganó varias carreras de larga distancia, de 120 kilómetros y también llegando en segundo lugar en 160 kilómetros.

Pero Fariid no disfrutaba de estas lides, se sentía incómodo, corría a disgusto, le molestaba la gente, lo asustaban los autos y cualquier cosa que volara. Un día decidió dejar de participar, por lo que en medio de una competencia se empacó y no quiso continuar. En la siguiente hizo lo mismo y decidieron retirarlo. Pero mantener un caballo no productivo es muy costoso. En muchos lugares, cuando los jubilan "los envían a la jaula", un eufemismo que indica el envío a un matadero.

Pero en el círculo en el que se mueve Josefina esto ni siquiera es considerado por lo que, en la búsqueda de alternativas recaló en las manos de Ailín, quien inmediatamente lo comenzó a entrenar intentando sacarle los miedos y otras mañas que arrastraba.

Luego llegó Suleimán, que pertenecía a su hija Josefina Rolt, que fue quien decidió desprenderse de él, a pesar de que lo amaba, pero en la convicción de que sería feliz y estaría bien cuidado por Ailín. Fue comprado junto a otros en un criadero de 25 de Mayo, el haras Santa Catalina y, a pesar de tener una figura esplendorosa y un físico privilegiado, digno exponente de la raza árabe, no exhibía la sangre caliente que los caracteriza. Es un caballo muy manso, sociable, casi haragán, también rechaza el *endurance*, actividad que Josefina madre y Josefina hija desarrollan profesionalmente. A poco de probarlo y para no perder tiempo y dinero en el entrenamiento de un caballo que no iba a servir a los propósitos requeridos, también fue depositado en las manos de Ailín. De inmediato reveló su gran inteligencia y entendimiento con la entrenadora a la que le demuestra, al igual que Fariid, una dulzura especial que revela la importancia de haber sido tratados con respeto y dedicación por ambas Josefinas, logrando una mayor confianza del caballo hacia el ser humano.

Casi todas las tardes, Ailín ingresa al corral redondo con un aura de calma y confianza. Los caballos, como si ya supieran, levantan la cabeza entendiendo que deben reunirse para ese juego, que es el entrenamiento, y se dirigen voluntariamente a la tranquera para ingresar a la arena y disfrutar de las palabras suaves, caricias y música que los distrae de la rutina cotidiana.

GINEBRA

La dulce bayita

Ailín se sentó al borde del arroyo. Teo la miraba a la distancia, con respeto, con entendimiento. Si bien ella fingía evaluar las posibilidades de vadeo, lo que buscaba era protegerse con el murmullo del agua para ocultar su llanto y suspiros entrecortados. La tristeza que la embargaba era abrumadora y la melancolía flotaba en el aire.

Una implacable enfermedad se había apoderado de mi salud, llegando de improviso y torciendo drásticamente el destino de cada uno de los miembros de nuestra familia. Nos dejó muy pocas opciones y nos arrebató la libertad de decidir quedarnos en el lugar que amábamos. Tuvimos que vender nuestro lugar en Cholila en una decisión consensuada en la intimidad, priorizando el tratamiento ante la gravedad de la circunstancia. Esta decisión fue apoyada también por mi padre y hermanas, y si bien esto no hizo el proceso más tolerable, posibilitó mudarnos cerca de un centro de salud en Buenos Aires que cuenta con la capacidad para realizar el tratamiento requerido.

Hasta hacía muy poco, los estudios médicos sólo mostraban una perspectiva cernida de sombra oscura. Pero el momento temido y tan difícil de enfrentar había llegado, la realidad finalmente se presentó con crudeza y golpeó con fuerza a toda la familia. Debíamos abandonar el campo, un lugar pleno de recuerdos, de múltiples vivencias que se habían entrelazado en la vida de todos, que nos había dado identidad, pertenencia, donde habíamos compartido risas y lágrimas, donde teníamos proyectos hasta el fin de nuestros días, un lugar del que pensábamos que nunca nos íbamos a ir, porque ya formábamos parte de él.

Ailín miró una última vez el paisaje que tanto había amado, tratando de grabar cada detalle de ese especial entorno en su memoria y no pudo impedir que las lágrimas resbalaran por sus mejillas, llevando consigo una mezcla de dolor, tristeza y frustración. Cada rincón de ese escenario estaba imbuido de emociones y vivencias. Enfrentar la idea de alejarse y el dolor de dejar atrás los recuerdos y las muchas experiencias compartidas era abrumador, como perder una parte de sí misma.

Por un instante se sintió atrapada por el deseo de quedarse, o de prolongar indefinidamente ese momento ante la imposibilidad de detener al tiempo, pero aventó rápidamente esa fantasía considerando que sólo eran ecos silenciosos de días felices. Decidió ser fuerte, mitigar el peso de la pérdida y enfrentar la vida tal como el destino se la planteaba, avanzando a una nueva y distinta etapa de su vida. Dejaba el lugar, pero todos sus caballos la seguirían acompañando.

Buscó a Teo con una mirada velada por un brillo que revelaba una angustia que ya no se preocupaba en ocultar y le dio instrucciones para que acerque las potrancas para encarar el cruce del arroyo Pedregoso. El día avanzaba y debían llevar caminando a Rubi, Anny y Ginebra, todas ellas yegüitas muy jóvenes, sin amansar pero obedientes al cabestro hasta El Remanso, la curva del río Carrileufu donde Mariano los estaba esperando con el carro, para cargarlas y prepararlas para trasladarlas a su nuevo destino. Ya habían sacado todo del campo, sólo restaban estos tres animales para liberar la propiedad a sus nuevos dueños.

De improviso Ginebra se desprendió de Teo y caminó despacio hacia Ailín, la miró con ojos serenos, como si comprendiera su lucha interna y quisiera transmitirle tranquilidad, certidumbre sobre el futuro y compañía sin importar donde la vida los llevara. Apoyó la cabeza en su hombro y dejó que la abrazara. El calor y olor de su cuerpo de inmediato le transmitieron la paz que necesitaba. Por varios minutos Ginebra fue absorbiendo su desasosiego transformándolo en consuelo y calma ante una persona agradecida por ese gesto.

Teo se había ofrecido a ayudar a Ailín en la extracción de las potrancas y valoraba este momento, lo sufría, lo compartía y en una suerte de emociones encontradas, lo disfrutaba, porque ante él se manifestaba una de las grandes enseñanzas de su instructora de equitación, los caballos eran mucho más que lo que él conocía hasta transformarse en alumno de Ailín, eran seres perceptivos, inteligentes y muy capaces de recibir pero también de brindar amor.

Emprendieron el viaje de dos horas de caminata con una nueva actitud, dejando atrás la gravosa mochila con sus pesares y abrazando la expectativa esperanzadora de una nueva vida en otro lugar. Ailín llevaba de tiro a Anny y Rubí. Teo, fascinado con Ginebra le prometió a Ailín visitarla en Lobos junto a su hermano Eloy, y le pidió ser el primero en montar en ella. Ambos mantuvieron su promesa, y cuando finalmente se concretó el encuentro, Teo se abrazó con Ginebra rememorando lo vivido en Cholila y en breve estaba cabalgando.

Ginebra siempre fue muy demostrativa. La había visto por internet, conocía la sangre de sus progenitores e insistió mucho en comprarla. Pero su dueño no la quería vender, en su lugar le ofreció otra potranca muy parecida y antes de que pudieran cerrar la transacción, ésta murió repentinamente. Ante la congoja de Ailín, finalmente concedió en venderle a la "bayita" la que llegó a El Bolsón en un camión. Era muy pequeña, bien proporcionada pero no se correspondía con el tamaño que buscaba Ailín. La bayita tomó el nombre de Ginebra, por refugiarse siempre entre los enebros, planta de cuyas bayas se obtiene esta bebida. De inmediato buscó la conexión con su nueva dueña. Como demandando protección, seguridad o tan sólo afecto, siempre estaba expectante de su presencia.

Pero el pasto escaseaba en la pequeña chacra, por lo que varios caballos fueron llevados a Cholila, un lugar mas frío pero con más comida. No obstante, una vez a la semana Ailín visitaba a sus caballos y Ginebra era la primera en darse cuenta. Corría a su encuentro y no se separaba durante todo el día, tornando muy triste la despedida. Una tranquera se debía interponer para evitar que la siguiera al irse.

Cuando las circunstancias exigieron que la bayita de noble corazón se mudara a la provincia de Buenos Aires junto al resto de la tropilla, un mundo diferente al que estaba acostumbrada, el desarraigo fue rápidamente reemplazado por la constante compañía de Ailín.

Hoy su pelaje dorado y luminoso absorbe y refleja a la vez el sol de cada amanecer y atardecer en el campo de Lobos, como si se retratara en un lienzo de oro. Ginebra es especial y se convertirá en una verdadera estrella merced a su enorme capacidad de aprendizaje, su belleza, mansedumbre y empatía, cualidades que su entrenadora valora y aprecia para sus presentaciones.

TANGO y NALA
Fidelidad y amor

Nala y sus tres hermanitos fueron abandonados en una zanja al borde de la ruta que une Mallín Ahogado con El Bolsón. Ateridos de frío, hambrientos y con miedo, sólo se tenían a sí mismos, por lo que se acurrucaban entre sí intentando darse calor y a través del contacto buscaban suplir los cuidados reconfortantes de su madre, sin entender por qué los habían separado de ella.

Ante este cuadro de debilidad, indefensión e impotencia, uno de ellos se quebró y comenzó a gemir lastimeramente y los otros lo imitaron uniéndose en un llanto triste y resignado esperando la muerte.

Pero el destino había dispuesto otra cosa. Los perritos habían sido abandonados justamente en la entrada a la chacra que Mariano y Ailín alquilaban en El Bolsón, y las circunstancias del momento hicieron coincidir el regreso de Ailín y Cata de un paseo a caballo con el llanto de los perritos en el momento de transponer la entrada. Intrigadas y preocupadas, ambas se bajaron de sus cabalgaduras y se acercaron a la zanja. Lo que encontraron las llenó de tristeza e indignación: tres diminutos cachorros apenas nacidos abandonados de manera despiadada, condenados a una segura y cruel muerte por hambre y frío. El cuarto cachorrito, Nala, tuvo una instintiva reacción de huida y se ocultó debajo de unos cartones dentro de la alcantarilla lo que impidió verla y eso evitó que fuera rescatada.

Sin dudarlo un segundo, Ailín y Cata tomaron a los indefensos cachorros en sus brazos y los llevaron al abrigo cálido de su hogar, donde los alimentaron y una estufa les brindó el calor que necesitaban.

Luego de todo un día, Nala, sin la compañía de sus hermanitos, pasó momentos de terror que la marcarían toda su vida. Pero ella también estaba considerada en los planes del destino para que sobreviviera. Mariano la vio de casualidad. Desde su camioneta, pensó en principio que era una rata, pero por la forma de moverse la identificó como un perrito, la agarró y se la llevó a Ailín para que esa noche se reuniera con sus hermanitos.

Dos eran hembras y dos eran machos, pero ninguno de los cuatro eran agraciados en cuanto a su apariencia. No obstante Ailín encontró hogar sin mayor dificultad para los segundos. Fue más complicado para las hembritas, lo que implicó que buena parte de su desarrollo primario lo hicieran en la chacra, creando un lazo de afecto que haría difícil la separación. Ellos ya tenían otros perros, no estaban en buena situación económica y no disponían de tiempo para atender a todos. Pero les puso nombre: Nui y Nala.

Finalmente dieron con un buen hogar. Martín Mol y su esposa Marianela las adoptaron y Ailín las llevó a Cholila, distante unos 100 km de El Bolsón. Pero mientras manejaba, ambas la miraban sin entender lo que pasaba. Quedaron en su nueva casa y Ailín volvió llorando a su chacra llena de dudas y sintiéndose en parte culpable de un nuevo abandono.

Al día siguiente, Nala, extremadamente sensible y quizás marcada por ese tiempo que pasó sola e indefensa en una alcantarilla antes de ser encontrada, se retrajo y comenzó a mostrar rápidos signos de deterioro en su salud. Fue entonces internada en la veterinaria de la localidad, donde la profesional determinó que no tenía daños físicos sino que sufría un intenso estrés y se había entregado a morir.

La veterinaria, Abril Centurión, conocía a Ailín, conocía la historia de las perritas y se comunicó con ella haciéndole saber que la cachorra estaba bajo un proceso traumático y que probablemente sufría el desarraigo. Y tenía razón. Cuando Nala se reencontró con su rescatista de inmediato tuvo una evidente mejora. Martín y Marianela comprendieron perfectamente la situación, e inmediatamente accedieron a que Ailín se lleve la perrita.

A partir de ese momento Nala fue una compañera incondicional, participa de cada uno de los *shows* junto a Tango y sus compañeros equinos, a pesar de que en una oportunidad, un caballo que no era parte del grupo, la alcanzó con una patada y Mariano consiguió salvarla.

Es sumamente agradecida como es característico de los perros rescatados, pero además muestra una extrema lealtad. Al observarla es fácil darse cuenta que daría la vida por Ailín.

Tango tiene una historia diferente, es el producto del cruce voluntario de dos razas consideradas entre las más inteligentes, ágiles y enérgicas. El padre, un poderoso y magnífico animal traído de Bélgica, Mallinois puro, imponente y hermoso. La madre una perrita pastora border collie. El criador de ambos le ofreció a Mariano uno de los cachorros con la idea de hacer observaciones sobre esta nueva cruza, desconocida hasta el momento, por lo menos en la zona. Fue así que, con 45 días, Tango se unió al matrimonio. Apenas los vió llegar se acercó con confianza y eso fue suficiente para decidir por su elección. Al contrario de Nala, que arrastra una actitud huidiza, Tango, desde el principio fue extrovertido y muy confiado. De inmediato se manifestaron las cualidades de ambas razas, ambas de trabajo. Inteligente, incansable y obediente. Siempre con mirada atenta a cualquier solicitud, es capaz de discernir entre decenas de órdenes diferentes.

Ailín inmediatamente decidió aprovechar su potencial, dado que desde muy temprana edad, el cachorro demostró ser un aprendiz excepcional en el entrenamiento de obediencia y trucos. Era notable la rapidez con la que Tango aprendía y ponía en práctica nuevas habilidades, demostrando un talento innato para el trabajo en equipo. Por otra parte, siempre estaba sumamente atento para responder obedientemente a la mínima instrucción de su entrenadora. Aprendió a abrir y cerrar la puerta, a buscar leña, a cabestrear los caballos, en las tareas de limpieza del patio desenterrando raíces, arrastrar bolsas de viruta, y muchos otros trucos que exhibe en cada uno de los *shows* en los que se presenta.

Pero además es un gran perro guardián, y Ailín confía en él, en Nala y en su otro perrito Moro, un perro de la calle también rescatado, al quedarse a veces sola en el campo cuando Mariano está de viaje. Y no sólo cuida a Ailín, protege los animales de la casa de cualquier predador y en más de una ocasión ha salvado alguna gallina que estaba siendo atacada por caranchos.

Más allá de sus logros, Tango se convirtió en un compañero leal y amoroso y construyeron, junto con Nala un vínculo inquebrantable con Ailín. Ambos son ahora parte del espectáculo que hace con sus caballos despertando exclamaciones de admiración y reconocimiento.

Adiestramiento en Libertad

Conexión sin dominancia

Cuenta la historia, con algunos ribetes de leyenda, que en las islas británicas existía un semental llamado Cruiser, uno de los caballos que había registrado las marcas más veloces en las carreras de Inglaterra y que luego, al retirarlo y dejarlo sólo como reproductor se había vuelto loco. Tanto fue así que lo llamaban "El Demonio Encarnado", y se le había colocado un pesado hierro en el hocico para evitar que matara a los mozos de cuadra. También habían evaluado quemarle los ojos y cegarlo con el mismo propósito. Sólo pretendían mantenerlo con vida debido a su enorme valor como padrillo.

John Solomon Rarey, quien se había hecho muy conocido por atender con gran éxito al indomable caballo de la reina Victoria, fue convocado para tratarlo en una suerte de desafío planteado por la prensa, a efectos de revalidar la fama alcanzada en el castillo de Windsor en esa otra oportunidad. Su dueño, Lord Dorchester le prometió que si podía lograr calmarlo y evitar que se lo sacrificase, se lo regalaría.

Rarey ingresó al establo y sólo le tomó tres horas salir conduciendo al caballo, sin bozal y exhibiendo tal mansedumbre que dejó a todos sumamente impresionados. Rarey volvió a su hogar en Ohio, acompañado de Cruiser quien murió el 6 de julio de 1875, sobreviviendo a su maestro por nueve años.

Esto quitó el velo sobre un grupo de personas llamadas "susurradores", a las que la idiosincrasia popular les atribuía dones especiales, heredados o desarrollados, y que se suponía hacían un uso secreto de palabras mágicas. En el pasado algunos habían sido juzgados bajo acusaciones de brujería y condenados a morir en la hoguera.

John Solomon Rarey, que vivió entre 1827 y 1866, puede ser considerado uno de los pioneros en despertar el interés por métodos suaves en el adiestramiento de caballos, evitando para ello quebrar su espíritu, en la convicción de que lo que había que hacer era ganarse su confianza y establecer un vínculo.

Hoy en día hay diversas denominaciones para los modernos "susurradores", personas que adhieren a un sistema de amanse bajo las mismas premisas con distintas técnicas pero el mismo objetivo.

Entre ellos, uno de los mas influyentes comunicadores ha sido Pat Parelli que en 1982 introdujo en el mundo ecuestre el término "Natural Horsemanship", para referirse a una forma de comunicarse y relacionarse con los caballos que permite un mayor y mejor entendimiento.

Algunos, como Monty Roberts, llenaron páginas de diarios con sus métodos en una sociedad en la que la doma sólo consistía en un duelo de voluntades a imponerse por métodos violentos. Y son muchos los entrenadores que están promoviendo estos nuevos sistemas basados en la etología equina donde los principios fundamentales son una persistencia pasiva y educada que permite que el animal vea al humano como el líder del grupo y no como un depredador. Existe una comunicación bidireccional donde el lenguaje corporal de ambos adquiere gran relevancia.

El término "Adiestramiento en Libertad" fue impuesto por Carolyn Resnik, describiéndolo como un tipo de entrenamiento que se centra en desarrollar una relación de respeto mutuo y confianza entre el humano y el caballo, sin la necesidad de usar riendas, completamente desnudo de aperos, u otros equipos que restrinjan al animal. Resnik afirma que si hay un esfuerzo genuino para comunicarse, el animal lo retribuirá y la conexión se establecerá.

Mirón Bococi es un destacado entrenador de caballos y experto en doma nacido en Maramures, Rumania, en 1985. Ha logrado un gran prestigio y reconocimiento internacional por su enfoque en la comunicación natural y respetuosa con los caballos, empleando técnicas que fomentan una relación armónica entre el jinete y el animal. Su trabajo se centra en comprender la psicología equina y en aplicar métodos que respeten la naturaleza y la inteligencia del caballo.

Se destacó por su enfoque en el "freestyle", o doma en libertad, una técnica que permite a los caballos expresarse libremente sin arneses, bridas o sillas de montar. Afirma que se debe comprender el lenguaje corporal y las señales de los caballos para poder establecer una comunicación efectiva y una relación de confianza.

Actualmente vive en Barcelona y es una persona muy influyente en el mundo ecuestre mostrando siempre un compromiso con la excelencia y el bienestar de los animales.

Santi Serra Camps es un conocido domador de caballos en la línea de "doma en libertad", sin violencia y es además un artista ecuestre de España, muy volcado a la exhibición de sus habilidades y de sus caballos a las que incluye otros animales como parte de sus *shows*, como perros y halcones.

Nacido en Cataluña, toda su vida estuvo inmersa en el mundo del rodeo y del espectáculo con estos animales. Ello le ha permitido desarrollar una relación de afinidad y entendimiento con ellos, inclinándose hacia la doma y entrenamiento en libertad.

Recientemente se ha estrenado una película titulada "Hermano Caballo", documental sobre su vida lo que le ha dado enorme popularidad y la oportunidad para difundir sus técnicas. En ella se relata el rescate la recuperación de "Mabrouk", un caballo de la calle, muy deteriorado que luego pasó a ser una de sus estrellas.

Ailín toma de todos los maestros de este tipo de entrenamiento a lo que suma su propia experiencia devenida en técnicas. Pero adhiere al término "Adiestramiento en Libertad" que engloba a la perfección toda su práctica y le da la oportunidad de mostrar desde una perspectiva transformadora, la relación entre humanos y caballos.

El adiestramiento se hace pie en tierra, sin montarlo pues se va enseñando, en etapas, desde abajo y con mucha paciencia, a establecer una comunicación profunda y confiada.

Esta modalidad de trabajar al caballo desde el suelo y sin ataduras es muy reciente en la Argentina con pocos impulsores aún, a pesar de que en Europa ya es una corriente muy utilizada.

La filosofía del adiestramiento de caballos en libertad tiene un enfoque que se centra en establecer una comunicación y conexión profunda entre el ser humano y el caballo, fomentando la colaboración y la confianza recíproca. Esta metodología se basa en trabajar en el entendimiento de los instintos naturales del caballo, en la comprensión de la jerarquía social en manadas y en la búsqueda de una relación armoniosa, sin recurrir a métodos tradicionales de entrenamiento que involucren el uso de la fuerza, el castigo o el estrés.

Como principio básico el caballo está "en libertad", lo que significa que no está atado, ni tiene riendas, aperos o cualquier elemento físico que lo ligue al entrenador, permitiéndole moverse libremente eligiendo huir o acercarse en un espacio amplio, con el objetivo de lograr que el caballo coopere y se comunique de manera voluntaria, basándose en el entendimiento recíproco más que en la dominación o la coacción, utilizando para ello una correspondencia que descansa principalmente en el lenguaje corporal, donde ambas especies se estudian y analizan sus movimientos. Las señales que emiten y revelan las manos de uno o las orejas del otro.

El lenguaje es no verbal o con muy pocos sonidos por ser un animal presa que no debe llamar la atención, aunque en el caballo doméstico exista una deformación ya que es mucho más ruidoso. Siempre está listo para huir y el ser humano, con su aspecto de animal predador, en esos primeros encuentros se ve obligado a revertir esta imagen hasta lograr que el caballo entienda que no ofrece peligro.

El separarlo del grupo para comenzar su entrenamiento ya lo está exponiendo a una situación de mayor indefensión, porque lo primero a considerar es que se trata de una especie vulnerable y gregaria, que vive en la naturaleza en grupos, el que queda aislado normalmente muere atacado por predadores. Por lo tanto, su natural reacción va a ser intentar la huida dado que su salvación

radica en la velocidad y no en su fuerza, a diferencia de un vacuno, que utiliza sus cuernos para hacer frente al peligro.

Es indispensable la creación de una relación de respeto mutuo entre el humano y el caballo en el que el adiestrador busque entender las demandas y señales del caballo, y a su vez éste aprenda a confiar en el liderazgo y la dirección del otro.

901box.com.ar
SALON
ARGENTINO
DE BODEGAS

Para ello, debe haber conocimiento de los principios del comportamiento natural de estos animales, incluida su estructura social y sus instintos, los cuales deben ser tomados en consideración para crear un entorno en el que el caballo se sienta cómodo y comprendido.

Los castigos, utilizados para mostrar los desacuerdos y el rechazo de parte del entrenador, son reemplazados por recompensas que premian los esfuerzos positivos en lograr el comportamiento deseado, ya sean elogios, caricias o golosinas, según lo que motive mejor al caballo.

En última instancia, esta práctica del adiestramiento en libertad busca crear una asociación progresiva, armoniosa y cooperativa entre el ser humano y el caballo, donde ambos trabajan juntos en un entorno libre de coerción y basado en la comprensión. Este enfoque se alinea con una visión más ética y holística del adiestramiento, promoviendo el bienestar emocional y físico tanto del caballo como del adiestrador.

Por otra parte, es necesario tener presente que los caballos aprenden con facilidad y son capaces de discernir rápidamente las situaciones de real peligro y las falsas alarmas, lo que les permite hacer un importante ahorro de energía. Además, y como característica de la especie, exhibe una gran precocidad, nacen neurológicamente muy maduros, pueden pararse a poco del parto, disponer todos sus sentidos, reconocer a su madre e incorporar rápidamente las enseñanzas que ella le imparte. Por ello, la práctica del "imprinting" es muy efectiva cuando se hace ni bien nace el potrillo.

Pero este aprendizaje está cimentado en una memoria superior a cualquier otro animal doméstico. En el ambiente natural, para sobrevivir deben recordar en qué momento huir, hacia dónde, a qué velocidad de acuerdo con el tipo de predador, y determinar qué sitios o cosas no son peligrosas, dónde está el agua o los buenos pastos, qué cosas no comer, y otras. Esta cualidad tan bien desarrollada en los caballos es muy útil al entrenamiento si es bien empleada, porque puede suceder lo contrario: recuerdan los malos tratos y pueden exacerbar su instinto asustadizo o agresivo si es mal usado.

Ailín adhirió a esta práctica, pero con objetivos que sobrepasan el mero entrenamiento. Su propósito, su deseo, su aspiración es proyectar este enfoque a algo mucho más trascendente y profundo que mostrar una técnica, y es la de cambiar el paradigma tradicional de entrenamiento, modificando la percepción general en el manejo de los caballos resaltando la importancia de la relación entre el ser humano y el caballo, mostrando que es una relación bidireccional de aprendizaje y crecimiento.

Esto implica desterrar toda forma de dominación y violencia poniendo en valor su inteligencia, dando a conocer las habilidades cognitivas del caballo, mostrando su enorme capacidad de aprendizaje si se les da la oportunidad de hacerlo, a la vez que destaca sus emociones de afecto, compañerismo y lealtad como parte de su comportamiento.

En otro orden hace mucho énfasis en el bienestar equino, en la búsqueda de asegurar que los caballos tengan una vida equilibrada y saludable, donde sus necesidades emocionales y físicas sean satisfechas. En su honda convicción, Ailín intenta contribuir a transformar el mundo del entrenamiento equino, destacando la necesidad de tratar a los caballos como seres inteligentes y sensibles, y promoviendo un acercamiento más respetuoso y empático hacia ellos.

De modo práctico, participa a través de cursos, demostraciones y charlas toda esta filosofía y en ello es acompañada por Silvia, su mamá , quien es bióloga, posee un profundo conocimiento de los seres vivos y hace un valioso aporte profesional y académico en esta tarea.

Pero además de esta dinámica colaborativa entre ambas, en la que se complementan, en la que generan una sinergia efectiva, sumando desde cada una el área de su experticia, madre e hija tienen las mismas convicciones, comparten su visión, y poseen la misma pasión, por lo que su mensaje tiene mucha consistencia y llega cada vez más lejos y a más personas.

"Montar a caballo es desatar el viento y abrazar el alma de la naturaleza"

"Los caballos nos dan las alas de las que nosotros carecemos"

"Ningún camino es largo en buena compañía"
Lucio Anneo Séneca

"Hasta que no has amado a un animal, una
parte de tu alma permanece dormida"

- Anatole France -

"El caballo es el reflejo de tu alma, te identifica, te despoja de prejuicios, y te responde con la verdad"

- María Eugenia Fuentes -

Ailina.horsemanship

"No es la especie más fuerte la que sobrevive, ni la
más inteligente, es la que mejor responde al cambio"
- Charles Darwin -

"El caballo es la poesía
hecha animal."

- Federico García Lorca -

"La alegría esencial de estar con caballos es que nos pone en contacto con los raros elementos de la gracia, belleza, espíritu y libertad"

- Sharon Ralls Lemon -

Amo los caballos y las praderas porque me recuerdan un aspecto de la libertad

-Pablo Neruda-

"Los caballos, con su
noble presencia encienden
nuestra luz interior"
- Gabriel Oliverio -

"Si no sueñas, no vives"
- Ailín -

www.ingramcontent.com/pod-product-compliance
Lightning Source LLC
LaVergne TN
LVHW010453200726
843506LV00002B/102